近江 旅の本

近江の能

中世を旅する

JN212162

プロローグ

近江の能を旅して

日本の古典芸能の一つ「能」が大成し、多くの作品が創られたのは、室町時代以降の中世期。能の舞台を観たり、上演曲のご当地を歩くということは、中世への旅立ちともなる。

　この本を手にしてくださったあなたは、能を観る前なのか、後なのか。本書はそのどちらにも応えられるように、能のご当地ガイドであるとともに、観能へのガイドともなる「旅の本」をめざしている。

　取り上げた作品は、近江をご当地とした能の曲。十五の演目を中心として、ご当地の案内と旅の行程などを紹介している。通り過ぎるだけの観光ではなく「なぜここが能の舞台に選ばれたのか」と思索する長逗留《ながとうりゅう》の旅も心がけた。また「番

三井寺遠景

外曲」や「中世・近江の芸能」など、多くのコラムをもうけたのは、旅の寄り道のすすめからだ。

本書では謡《うたい》の詞章のほとんどを現代語訳で記しているが、流麗な謡の調子でこそご当地の風趣を表現できるというもの。そこで「乱曲」を取り上げて、ほぼ詞章どおりに記すことで、近江の名所を美しく、しかも端的にお伝えすることを試みた。また能とともに歴史を歩んできた「狂言」にも近江をご当地とした曲が多くあり、その一部を紹介している。

近江の能には、現行曲約二四〇番の中でも、もっとも位の高い『関寺小町』や、今日の能を方向づけた『白鬚《しらひげ》』（白髭）など特別の作品も含まれている。さらに能の創成期において歴史的な活躍をしていた近江猿楽の存在も特筆すべきことである。本書の締めくくりには、近江の能をめぐる「歴史散歩」のページを加えた。

CONTENTS
目次

近江の能
中世を旅する

●本書に用いた能の用語

シテ……主役
子方……子供の演者が扮する役
ツレ……主にシテに随伴する役
ワキ……シテの相手役
アイ……狂言方が扮する役
前場・後場……主に複式夢幻能の場合、舞台の前段を前場、後段を後場という。前場のシテを前シテ、後場のシテを後シテという。

湖中に立つ白鬚神社の鳥居

蟬丸

せみまる

作者 不明（世阿弥とも）

曲柄 四番目物・狂女物・大小物

登場人物
シテ…………逆髪《さかがみ》
ツレ…………蟬丸
ワキ…………清貫《きよつら》
ワキツレ……輿舁《こしかき》
アイ…………博雅三位《はくがのさんみ》

あらすじ

盲目の皇子、蟬丸。父の延喜帝《えんぎてい》は皇子の後世《ごしょう》のために「皇子を逢坂山《おうさかやま》に捨てるように」と清貫に命じた。逢坂山に一人捨て置かれた蟬丸は、琵琶を抱いて泣き伏す。そこへ博雅三位がやって来て、蟬丸のために藁屋《わらや》を建てて、帰って行く。

蟬丸の姉の逆髪は、髪の毛が逆立って生えているため狂乱となり、逢坂山にやって来た。すると藁屋のうちから妙なる琵琶の音色が聞こえてくる。再会した姉と弟は、お互いの不遇を慰め合う。やがて逆髪は立ち去り、蟬丸は見えない目で姉を見送る。

逢坂の関
——逢って悲しき、別離の関

逢坂山に、蟬丸の伝承

『百人一首』に収められた蟬丸の歌「これやこの行くも帰るもわかれては知るも知らぬもあふ坂（逢坂）の関」は、対句《ついく》がリフレインのようにリズミカルで、記憶の中に心地よく入ってくる。この一首によって「蟬丸」と言えば「逢坂の関」を連想する人も多いのではないだろうか。

能『蟬丸』の舞台も関のある逢

坂山。ツレの蝉丸は、平安時代中期の実在の人物だ。『俊頼髄脳《としよりずいのう》』などの平安末期の書物によれば、蝉丸を「逢坂山の庵に住む乞食《こつじき》で、歌人であり和琴《わごん》の名手」としている。さらに『今昔物語集』には「蝉丸は敦実《あつみ》親王の雑色《ぞうしき》で、親王の弾く琵琶を聞いて秘曲を覚えた。のちに盲目となり会坂山《おうさか》に住むようになる。蝉丸のもとに源博雅《みなもとのひろまさ》が三年間通い詰め、秘曲を教えられた」と説く。『平家物語』では蝉丸を「醍醐天皇（延喜帝・八八五～九三〇）の第四皇子」とし、「四宮《しのみや》河原の藁屋に住む」とする。四宮河原とは、大津と隣り合う山城国の山科郷の一地帯のこと。ここは、仁明《にんみょう》天皇（八一〇～八五〇）の第四皇子・人《さね》康《やす》親王が目を患い、隠棲地とした地である。琵琶の名手であった親王は、当地で琵琶法師たちの祖師となったと伝えられる。

関蝉丸神社下社参道にある蝉丸歌碑

能『蝉丸』は、蝉丸や琵琶に関わるこれらの伝承と、ご当地の逢坂山の風土を融合して創られた悲劇である。

能『蝉丸』捨てられて皇子

能における蝉丸は、延喜帝の第

四の御子という設定。幼いころより両眼の視力を失っていた。帝は廷臣《ていしん》の清貫に「蝉丸を逢坂山に連れて行き、剃髪《ていはつ》して捨て置くように」と命じる。夜の明け方、蝉丸の乗った車は秘かに都路を出立《しゅったつ》し、やがて逢坂山についた。帝の真意が計り知れずに嘆く清貫を、蝉丸は「父が私を捨てたのは、過去の悪業《あくごう》をつぐなうことによって、後世を助けようとの計らい。これは親の真の慈悲《じひ》」とたしなめる。

　蝉丸は「知るも知らぬも」と語りはじめる。「知っている人も知らない人も、延喜帝の皇子の成り果てた悲しい姿を見よ。峠を行く人や馬は衣の袖をしおらせ、こんな皇子を振り捨てがたく、名残を惜しむことだろう」と謡う。

　やがて一人残された蝉丸は琵琶を抱きしめ、寂しさと不安から転げまわって泣いた。そこに現われた博雅三位は、雨露をしのげるように藁屋をしつらえ、蝉丸を屋内に導くのであった。

交通の要所、逢坂山

　蝉丸が捨てられた逢坂山は、大津市の南西部に位置する標高三二五メートルの山である。舞台となっているのは、逢坂山の南側の逢坂峠を越えたあたりだろうか。逢坂峠は山城国と近江国の国境で、東海道と重なる峠道である。

　逢坂峠の位置を現在の大津市大谷町あたりと推測して、国道一号を渡す大谷町陸橋から東方向を眺めてみる。左手に逢坂山、右手に音羽山《おとわやま》が迫っている。もともと大谷という地名は、深い谷間にはさまれていたところから名づけられたという。二つの山の谷間を国道が走っているのだが、峠らしき隆起は見当たらない。実は慶応二年（一八六六）と昭和二年（一九二七）の二度の工事で、峠道は約十メートルも掘り下げられているのだ。逢坂越えがいかに急峻《きゅうしゅん》な坂道であったのかが想像されよう。

　陸橋より東へ百メートルほど先の国道沿いに「逢坂山関址」（26ページ参照）の石碑が立つ。逢坂峠には奈良時代、畿内の北限を固

「逢坂山関址」と常夜灯

境内にある音曲芸道祖神

大谷周辺には蟬丸の名をつけた神社が三つある。ここは蟬丸神社（26ページ参照）の境内

めるための関が置かれたが、延暦一四年（七九五）にいったん廃止。弘仁元年（八一〇）に平安京を防御するために再び設置され、鈴鹿関・不破《ふわ》関とともに「三関《さんげん》」として厳格に管理された。

　交通の要所であり人々の往来の激しい関所の逢坂峠には、都への悪霊や悪神などの侵入を防ぐための「塞《さえ》の神（道祖神）」がまつられた。弘仁一三年（八二二）には、固《こ》関使《げんし》の小野岑守《おののみねもり》が、逢坂山の山上山下に塞の神の「坂神」をまつったと伝え、やがて「関の明神」とも呼ばれるようになる。

　現代、逢坂峠の周辺には「関」と冠された関蟬丸神社上社、関蟬丸神社下社（26ページ参照）がある。のちに両社は蟬丸の霊を合祀《ごうし》。音《おん》曲《ぎょく》芸道の神としても崇敬され、諸国の雑芸者を統括して、免許を伝授するようになったとされる。

皇女・逆髪は異形の姿にて

　能『蟬丸』のシテの逆髪は実在の人物かどうか定かでない。逢坂峠にまつられる「坂神」を「逆髪」にかけて、特異な人物として創造されたのかもしれない。

　延喜帝の皇女である逆髪は、蟬丸と同様に父から捨てられた身の

芸能の神様として信心を集める「関蟬丸神社」では、近年、春に芸能祭が催されるようになった

交通量の多い国道１号に面して社へと続く石段がある関蝉丸神社上社

上。逆髪は何の因果か、髪の毛が空に向かって上向きに生えている。その異形のせいで都を追われ、遠境をさまよい物狂《ものぐるい》の状態となっていた。逆髪の姿を見て、笑い囃す子供たちに逆髪は言う。「髪が逆さまに生えていることは、まこと面白い。しかしながら、あなたたちの身分で皇女の私を笑うということこそ、逆さまではないか。花の種は地中に埋もれ、それはやがて花となって梢《こずえ》をのぼる。月は天上にかかり、その影は水面に映って水底に沈む。私は皇女であるが、庶民に下った。髪は上に向かって生え、天上の星霜《せいそう》を受ける」とし「いずれを順とし、逆であると言えようか」と語る。

古来、峠や坂などの境界の地には、芸能者や乞食、不治の病人らが集められていた。それらの人たちは無縁の存在として賤視《せんし》され、その一方で神や霊と交信する職能者として認められる者もいた。逆髪の言葉には、順逆を問いかけることによって、差別の根拠を疑う深い意味合いを持っている。

逢坂越えの道行《みちゆき》と別離

舞台の逆髪は、花の都を出て東海道を進む。「逢坂越え」の道行である。白川を渡れば山科への出口である粟田口《あわたぐち》。日岡峠の松坂を越えれば、「逢坂の関はまだはるか先だ」と思っていたのに、もう音羽山は後方になった。「逢坂の関の清水に影見えて今や引くらん望月の駒」と紀貫之《きのつらゆき》が詠った逢坂の関は近い。逢坂の関のそばにある走井《はしりい》の水（月心寺26ページ参照）に映るわが影を「なんと浅ましいこと」と逆髪は憂える。

やっと逢坂峠を越えた逆髪は、一軒の藁屋より流れてくる琵琶の

逢坂峠があったあたりの国道１号（撮影・著者）

関蟬丸神社の石灯籠。蟬丸型時雨灯籠とも呼ばれる

音色に引き寄せられて、軒下で立ち聞きする。すると藁屋のうちから聞き慣れた声がする。それはまさしく蟬丸。「弟の宮か」「姉宮か」と二人は手を取り合って泣く。お互いの境遇を嘆き合ううちにも、やがて別れの時がやってくる。蟬丸は「逢坂の関よ、別れ路を留めよ」と願い、逆髪の声が消えるまで送り続ける。逆髪は蟬丸の姿を見定めて去って行った。

現在の逢坂山には、二キロあまりにもおよぶ逢坂山トンネルが貫き、ＪＲ琵琶湖線が走り抜ける。逢坂峠は、今や車の往来の激しい国道一号。平行するように京阪電鉄京津線が通り、名神高速道路が見え隠れしながら疾走している。今もなお交通の要所であることに変わりないが、蟬丸の歌「これやこの……」の詠う出会いと別れの情趣は漂ってはこない。

column
番外曲

逢坂物狂《おうさかものぐるい》

現在はほとんど上演されない、番外曲。『逢坂物狂』のシテは、蟬丸と関の明神を兼ねている。「人と人が逢う」ことを語源とする逢坂をテーマにした作品。

さらわれたわが子を捜す旅人が逢坂の関を訪れる。そこに現われた子連れの盲目の男が、蟬丸の故事を語り『東国下《とうごくくだり》』（112ページ参照）の曲舞《くせまい》などを舞う。やがて男は「私は逢坂の関の明神。この子はあなたの子供だ」と告げて社殿に姿を消す。関の明神によって親子は再会をはたしたのだった。

関寺小町
鸚鵡小町

せきでらこまち
おうむこまち

関寺の跡
——小町の孤独の跡

あらすじ

七夕の日、関寺では祭事が執り行われる。住僧は稚児たちを伴って山陰に庵を結ぶ老女を訪ねる。歌道を極めているという老女は、手習いのはじめとして「難波津《なにわづ》」や「安積山《あさかやま》」の歌などについて論じる。さらに「衣通姫《そとおりひめ》の流れを学んでいる」などと述べ、老女が小野小町であることが判明していく。百歳の小町はわが身を恥じつつ、昔をしのび感慨にふける。

夜になり、住僧は小町を七夕祭りに誘う。稚児が舞う袖に引かれて、小町は昔を懐かしむように舞う。やがて明け方の鐘が響く。小町は杖にすがってよろよろと藁屋《わらや》の庵に帰って行く。

作者 不明（世阿弥とも）

曲柄 三番目物・老女物・大小物

登場人物
シテ……………小野小町
子方……………稚児
ワキ……………住僧
ワキツレ………従僧

最高位の能は近江を舞台にして

能のジャンルの中でもっとも重要視されるのが「老女物」である。いわゆる年老いた女性を主人公とする曲だ。能の美の世界観において、女性を表現することと、老いを表現することを重く扱うところから、この二つを兼ねる老女物は、何よりも慎重に演じられる。とくに老女物として重んじられているのが『関寺小町』『檜垣《ひがき》』『姨捨《おばすて》』『鸚鵡小町』『卒都婆《そとば》小町』の五曲。

長安寺（関寺跡地）への山道

さらに五曲の中でも『関寺小町』を筆頭に『檜垣』『姨捨』の三曲は「三老女」と呼ばれ、能の最高位に置かれている。つまり能全曲の中で極めて美意識が高く、精神の深遠を表現することが求められる秘曲中の秘曲が、近江をご当地とする『関寺小町』なのである。

能『関寺小町』の舞台は、大津の関寺からはじまる。季節は初秋、七月七日の七夕の夕暮れ。関寺の講堂の庭には、星祭りの準備が調えられている。関寺の住僧は稚児らを伴って、寺の近くの山陰に庵を結ぶ「〽歌道を極めたる」老女を訪ねることにする。七夕の日は歌道などの技芸の上達を願う日でもあるからだ。

史料で探る、廃寺の関寺

今、関寺は残念なことに存在しない。いつ誰がどこに創建したか

長安寺の「小野小町供養塔」（撮影・著者）

長安寺の石段下にある日本最大の石造宝塔、牛塔（長安寺宝塔）

はっきりとした起源も不明だ。万寿二年（一〇二五）に菅原師長《すがわらもろなが》が記したとの奥書を持つ『関寺縁起』によると「奈良時代前後には創建されていた」という。堂舎は壮麗で、大きな仏像をまつる立派な寺院であったらしい。『関寺小町』の舞台が「講堂」となっているところからも、関寺が七堂伽藍を整えた広大な寺院であったことがうかがえる。

関寺は、山城国と近江国の境界である逢坂の関（8ページ参照）に隣接していたとされ、「世喜寺《せきでら》」とも記された。関寺の史料の初見は、天禄元年（九七〇）に源為憲《みなもとのためのり》が著した『口遊《くちずさみ》』で、日本の三大大仏として「奈良の東大寺の毘盧遮那佛《びるしゃなぶつ》、河内の智識寺の毘盧遮那佛、近江の関寺の弥勒仏《みろくぶつ》」が上げられている。正安元年（一二九九）に成立した『扶桑略記《ふそうりゃくき》』によれば、関寺の弥勒仏は、近江に甚大な被害をおよぼした天延四年（九七六）の大地震で諸堂とともに破損したという。荒れ果てた関寺を悲しんだ恵心僧都《えしんそうず》源信《げんしん》の志から、万寿四年（一〇二七）に弟子の延鏡《えんきょう》によって再興された。

平安中期の『更級日記』には「（帰京のおり）逢坂の関が近くなり、山の斜面に建てられた仮の板塀の上から、六丈（五丈とも）の仏像がいまだ荒造りのままでおられて、顔だけが眺められた」と記してある。同時代に書かれた『栄華物語』は「逢坂の彼方の、関寺というところに、牛仏が現われ、たくさんの人が詣でている」と語る。「牛仏」とは、関寺再建のおりに資材を運搬するために、京都の清水寺の僧侶が寄進した霊牛のこと。関寺の壇越《だんえつ》の夢の中に「この牛は迦葉仏《かしょうぶつ》の化身である」とのお告

長安寺境内を見下ろす

げがあったのだ。噂を聞きつけて霊牛との結縁を求め、藤原道長《ふじわらのみちなが》・倫子《りんし》夫妻や藤原実資《さねすけ》をはじめ多くの人たちが参拝した。その数は数万人にも及んだという。

　鎌倉時代の正安元年（一二九九）に成立した『一遍聖絵』巻第七には、弘安七年（一二八四）再建中の関寺に一遍上人が逗留し、境内の関清水の中洲に踊屋を設けて、踊念仏を行う様子が描かれている。また、関寺の前方に描き込まれた当時の門前町の様子が興味深い。

　平安末期から鎌倉時代、関寺は近江の名所の一つであり歌枕としても知られたが、南北朝期から戦国時代にかけて衰退していったと思われる。

関寺遺跡・長安寺を訪ねて

　享保一九年（一七三四）刊行の『近江輿地志略《おうみよちしりゃく》』には、関寺の場所について「上関寺町・中関寺町・下関寺町より西の山ことごとく関寺である」「上の関明神の社より近松寺《ごんしょうじ》の堺（境）まで関寺の境内である」と述べている。現在の大津市逢坂一丁目、逢坂二丁目、春日町を含み、背後の西の山一帯にかけて寺域を誇っていたらしい。

　現在、関寺跡の一画に長安寺（26ページ参照）が建つ。JR大津駅から線路に平行するように西へ数百メートル、県道と京阪電鉄京《けい》津《しん》線の線路を渡ると、長安寺の石段下。かの関寺の霊牛の供養塔がずっしりと構えている。壺型の塔身に六角の笠石を乗せた巨大な塔である。鎌倉時代初期の作と伝え「牛塔《うしとう》」と呼ばれてきた。高さ三・三メートルの日本最大の石造宝塔だ。

　石段を登れば「関寺遺跡　時宗長安寺寺務所」の表札をかかげる

関寺の跡地に建つ長安寺の本堂

書院と、阿弥陀仏をまつる本堂が建つ。草々の生い茂る境内の山陰には、たくさんの野仏などとともに「小野小町供養塔」の五輪塔がたたずみ、能『関寺小町』の小町が住まう関寺の山陰の庵をしのばせる。

能『関寺小町』の物語

『関寺小町』の舞台には、引廻しをかけた藁屋が置かれている。引廻しが下ろされると一人の老女。藁屋の横桟には短冊が吊るされている。老女は「朝に、一鉢の食事すらなくても乞うことができず、夕べに、肌を隠すこともできない粗末な衣なのに繕《つくろ》えない」と嘆く。老女は乞食《こつじき》のごとく困窮している様子である。そして「花は雨ごとに色褪《あ》せ、柳は風によって緑を失う。人もまたいつまでも若くなく、やがて老いる。鶯《うぐいす》のさえずる春は巡るが、若いころにはもう戻れない。ああ、過ぎた昔が恋しい」と世の無常をつぶやき、懐古の情に沈んでいる。

そこに関寺の住僧と稚児らが、和歌の話を聞きにやって来た。老女は住僧に促されながら「難波津と安積山の二首の歌を父母として、和歌は貴賎《きせん》を分け隔てなく、私のような庶民までもが学んでいる。歌の種を心だと思えば、歌が尽きることはない」と話す。

住僧が「わが背子が来べき宵なりささがにの蜘蛛の振舞かねてしるしも」の歌について質問すると、老女は「それは衣通姫の歌。私はその流れを学んだ」と答える。さらに住僧が「小野小町も衣通姫の流れ。〝わびぬれば身を浮草の根を絶えて誘う水あらば往なんとぞ思ふ〟とは小町の歌」と言うと、老女は「それは私の歌です」と自

近松寺からの眺め。大津市街地の向こうに琵琶湖が見える

分が小野小町であることを匂わせる。小町は自分が詠んだ歌を振り返りながら「もはや昔のこと。この命も限りとなった。昔のことと思ったことさえも昔のことになり、初老のころすら今は恋しい」と嘆き悲しむ。

やがて関寺の夜更けの鐘が鳴り響く。小町は「(鐘の音は)諸行《しょぎょう》無常《むじょう》と聞こえると言うが、老いた耳には何の益もない。逢坂の山風の音は是生滅法《ぜしょうめっぽう》の理《ことわり》と説いているが、悟ることもない。歌は好きな道であるが、それも枯れ枯れになってしまっている」と語る。

小町は住僧に誘われて、関寺の七夕の星祭りに連れ出される。七夕の手向《たむ》けも色々と飾り、管弦を奏して盃《さかずき》を巡らす。雪のような月の光を受ける稚児の舞の袖が美しい。感動した小町は童舞の袖に引かれて、杖を頼りに立ち上がり、狂人のように心が逸《はや》り、一心に舞う。舞い終えた小町は「百年は、花に宿った胡蝶《こちょう》のようなはかない夢。そんな胡蝶のような舞だ。老木に花が咲くように舞いたいが、舞の振りも忘れ、足元もおぼつかない。袂《たもと》を翻《ひるがえ》してみたが、昔のようには返せない。ああ、恋しや昔」と懐旧《かいきゅう》する。

初秋の夜は短い。明け方を知らせる鐘が鳴る。小町は「あらわになるのが恥ずかしい」と、よろよろと杖にすがってもとの藁屋に帰って行く。「百年《ももとせ》の姥《うば》」とは、小町のなれの果ての名前であった。

小町の人生の果ては、関寺の山陰に

小野小町は謎の多い女人である。絶世の美女ゆえに「男性に対して薄情で驕慢《きょうまん》である」とか「好色である」などと言われてきた。若

琵琶湖越しに逢坂山を望む

いころの罪業《ざいごう》のために、年老いてからは落ちぶれて諸国を流浪し、死体は野ざらしとなり、髑髏《どくろ》の目の穴からはススキが伸びていたともされる。ところが小町の実像については「美女だった」と証明する史料すら見当たらない。確かなことは小町が平安時代前期の歌人であり、六歌仙・三十六歌仙の一人に数えられる歌の名手であるということだ。『古今和歌集』には一八首の小町の歌が収められている。

　小町が関寺あたりに住んでいたことは、室町時代に書かれた『義経記』や『伊勢物語愚見抄《ぐけんしょう》』『三国伝記』などに見える。たとえば『三国伝記』の「小野小町盛衰事」には「あたかも乞匃《こいきょう》のごとく山野に迷い行き、後には会坂（逢坂）の関寺あたりを徘徊する」とある。『関寺小町』は世阿弥の最晩年の作とも言われるが、当時、小町が関寺にいたとの通説が流布していたのであろう。

　老女物『鸚鵡小町』の舞台も関寺付近である。「百歳の姥」の小町は、関寺あたりの柴の庵に住み、物乞いをして暮らしを立てているという設定だ。物語は、時の帝が小町を哀れんで詠み下した歌「雲の上はありし昔に変はらねど見し玉簾《たまだれ》の内やゆかしき」に対して、小町が歌の一字の「や」を「ぞ」に変えて帝に返歌するというもの。

関蝉丸神社境内の小町塚

小野小町ゆかりの寺・月心寺境内にある走井（26ページ参照）

長安寺境内の石仏群

『関寺小町』『鸚鵡小町』の小町は、最下層民である。関寺の構える逢坂山には峠があり、関があり、門前町がある。二つの地の境界となる逢坂山には、世間からはじき出された不遇の人々が大勢たむろしていた。それらの人たちは世人が持ち得ない神性や技能を有し、蔑《さげす》まれながらも畏怖の念を抱かれた。乞食の小町に、帝や僧が歌の話を請うているのだ。

『関寺小町』『鸚鵡小町』は、若さから老い、華麗な生活から境外《けいがい》の地へと堕ちた小町の境遇の惨めさや懐旧の激しさを表出しつつ、失われることのない知性や品格、誇りをしのばせる。『関寺小町』の終結は、藁屋に座す小町の姿。『鸚鵡小町』の終結は、泣きながら柴の庵に帰る小町の姿。関寺の山陰に、小町一人が残されるのである。

column

『鸚鵡小町』の道行《みちゆき》

長安寺の境内から、音羽山や琵琶湖の方角を望めば、楓や銀杏などの大木の枝の向こうに『鸚鵡小町』の謡の道行を髣髴《ほうふつ》とさせる景色が広がっている。「〽立ち出で見れば深山辺の、梢にかかる白雲は、花かと見えて面白や。松風も匂ひ、枕に花散りて、それとばかりに白雲の色香おもしろき景色かな。北に出づれば湖の志賀辛崎の一つ松は、身の類ひなるものを、東に向かへばありがたや、石山の観世音勢多の長橋は狂人の、つれなき命のかかる例なるべし」。

自然居士《じねんこじ》

大津・松本の港
——水辺の奪還劇

作者 観阿弥
曲柄 四番目物・芸尽物・大小物
登場人物
前・後シテ……自然居士
子方……………童女
ワキ……………人商人《ひとあきびと》
ワキツレ………人商人
アイ……………雲居寺《うんごじ》の門前の男

大津の浜辺から琵琶湖を望む。遠くに三上山や沖島が見える

あらすじ

自然居士による雲居寺造営のための説法の結願《けちがん》日。一人の少女が小袖を供物として、両親追善を依頼する文を持って来る。そこへ現われた人商人《ひとあきびと》が少女を引き立てて行く。小袖は、少女が身売りをして得たものであったのだ。

自然居士は説法を取りやめて、人商人の後を追う。少女を乗せた船が大津松本の浜を出ようとするのを、捨て身になって引き止めるが、なかなか少女は解放されない。やむなく人商人が所望するままに、自然居士は曲舞《くせまい》などの芸能を演じる。ついに少女を取り戻して、連れ立って都に帰って行く。

実像としての自然居士

自然居士は、鎌倉時代後期に実際にいた人物である。昭和三〇年（一九五五）刊の『日本名僧伝』には「自然居士は、南禅寺開山の大《だい》明国師《みょうこくし》の弟子。東山の雲居寺と法城寺《ほうじょうじ》の両寺に住まいしていた」と記されている。また安永二年（一七七二）刊の『謡曲拾葉抄《ようきょくしゅうようしょう》』

石場の船着き場から大津湖岸なぎさ公園に移設された石場津の常夜灯

によると「雲居寺にて群生《ぐんじょう》のために説教をし、歌舞をなすことで心の穢れを断つ」という布教をしていたとされる。

さらに自然居士を生々しく物語るのが、鎌倉時代末期の絵巻『天《てん》狗草紙《ぐぞうし》』（伝三井寺）の第四段に描かれた自然居士の姿。法衣姿で髭をたくわえ、風狂の体《てい》で踊っている。但し書きには、自然居士をさして「さゝら太郎」「自然乞食」の文字が見える。また詞書《ことばがき》によると、自然居士は「放下《ほうか》の禅師」と号して「髪を剃らずに烏帽子《えぼし》をつけ、座禅を忘れて、寺院から出奔し、あちこちの巷で簓《ささら》を擦《す》り、狂言《きょうげん》綺語《きご》を口にしていた」という。

話題性のあるキャラクターであったのだろう。能『自然居士』が生まれる以前に、すでに延年風《えんねんふ》流《りゅう》の主人公として取り上げられていた。中世を彩った延年（83

ページ参照）や風流（49ページ参照）の盛んであった近江でも、どうやら自然居士は、よく知られていた人物だったと思われる。

美しき稚児、喝食《かっしき》の面影

能『自然居士』の作者は観阿弥である。観阿弥の手にかかると、自然居士は正義感あふれる美しい喝食となってドラマ化された。観阿弥は室町幕府三代将軍の足利義《あしかがよし》満《みつ》の前で『自然居士』を演じたことがあった。大男の観阿弥だが、自然居士を演じる姿は、義満には一二、三歳のたおやかな少年に見えた。そのとき、義満はそばに侍っていた世阿弥に「観阿弥の子供であるあなたが、親の小股をすくおうとしても、これにはかなわない」と言った。世阿弥は義満が寵愛する稚児でもあった。のちに能を大成させた世阿弥は「児《ちご》姿は幽玄の原型である」と述べている。

喝食とは、もともと仏家での誦《ず》経《きょう》の後の食事を知らせる役僧をさした。やがてこの役目を有髪《ゆうはつ》の侍童《さぶらいわらわ》が担うようになり、稚児とも称した。『自然居士』のシテは「喝食」と呼ばれる能面をかける。半僧半俗の青少年の能面で、利発で闊達《かったつ》な表情。額にかかる銀杏《いちょう》の葉の形をした前髪が特徴だ。頬のえくぼが可憐で、白い肌に唇の赤がほのかな色気を漂わせている。

『自然居士』のはじまりの舞台は、雲居寺。応仁の乱で焼けるまで、京都の東山にあった。平安初期に創建された寺で、一時期廃寺となっていたが、平安末期に瞻西《せんさい》上人によって再興されていた。瞻西上人には、御伽草子《おとぎぞうし》『秋夜長物語《あきのよながものがたり》』（成立不詳）によってつくられたイメージがある。『秋夜長物語』は、瞻西上人が比叡山延暦寺の僧・桂《けい》海《かい》律師であったころの話。三井寺の容姿美麗な稚児・梅若との熱愛

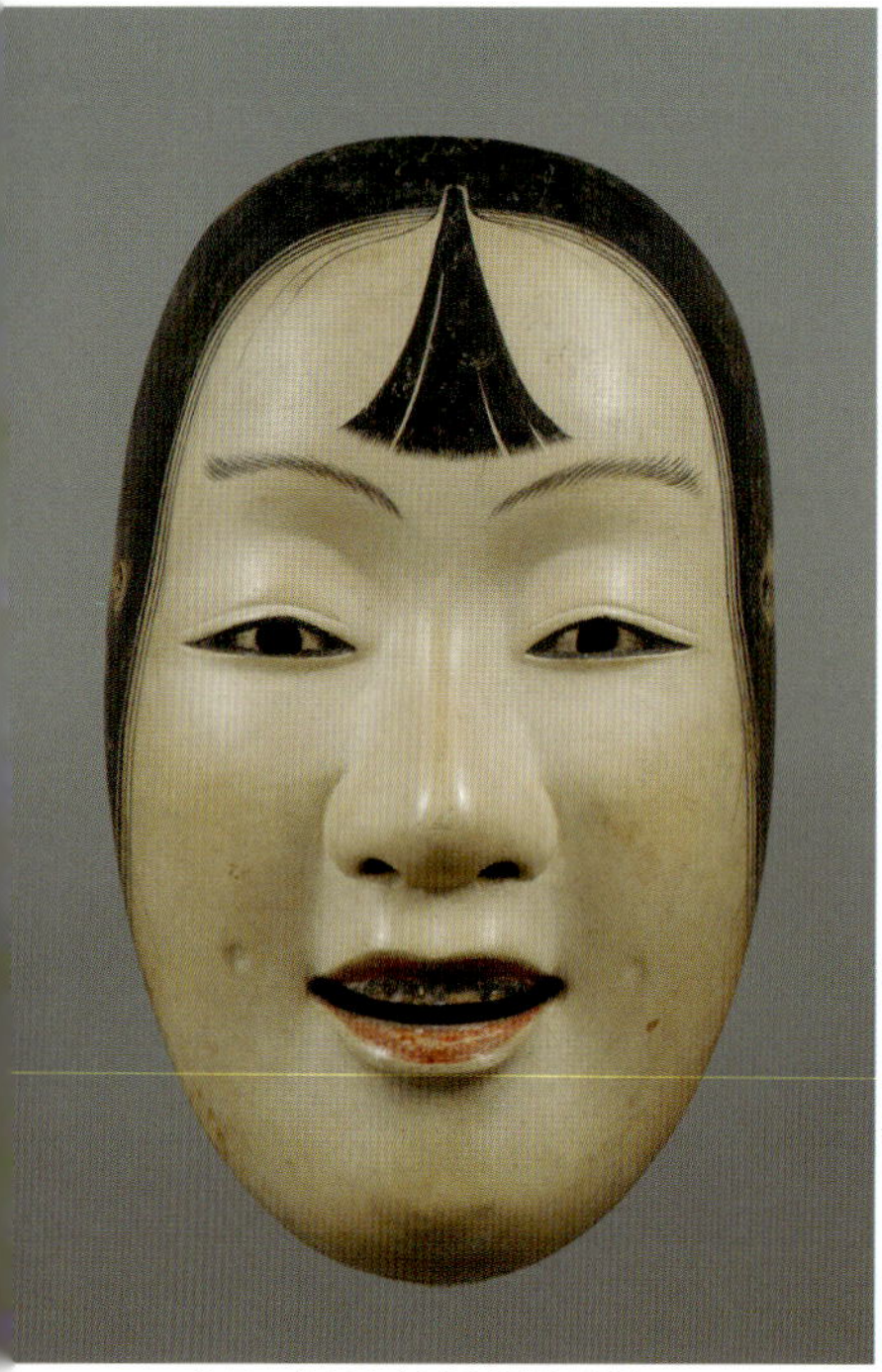
能面・中喝食（彦根城博物館蔵）

の悲話が、延暦寺、三井寺の両寺や石山寺、戸津などの琵琶湖畔で展開される。この近江の稚児物語の影響もあるのだろうか、雲居寺という寺の響きには、美しい稚児や喝食の面影が匂う。

行動派の説法者、自然居士

さて能『自然居士』の舞台では、雲居寺造営のための自然居士の説法がはじまろうとしている。

自然居士が説法を開始すると、一人の少女（流派によっては少年）が現われ、持参した小袖と諷誦文《ふじゅもん》を託す。諷誦文には「仏法僧の三宝に布施する。亡き両親が成仏できるように一枚の身代衣《みのしろごろも》を供える。私も憂き世を早く出て、両親と共に同じ蓮の台《うてな》に生まれたい」と認《したた》めてある。小袖は、少女がわが身を売って手に入れた両親のための供物であったのだ。諷誦文を読み上げた自然居士をはじめ、多くの聴衆は涙で袖を濡らした。

そこに現われたのは東国方の人商人。都に上って多数の人を買い、その中の一人である少女を探しに来たのだ。あっけなく連れ去られる少女。自然居士は説法を中止して、人商人の後を追おうとする。寺の門前の者から「今日は説法の結願の日。中止したらこれまでの説法が無になる」と止められる。

しかし「説法とは善悪の二つを弁《わきま》えるためのもの。このたびにおいて少女は善人、人商人は悪人と二つの道は極まっている。だから今日の説法はこれまで」と颯爽《さっそう》と出立する。

大津の港か松本の港か

連れ去られた少女を追って自然居士が向かったのは、東国への旅路の起点となる琵琶湖の港。詞章に「〜大津松本へ其走り行き」と大津と松本が連ねられており、どちらかの港ということになる。

大津は近江大津宮《おうみのおおつのみや》（72ページ参照）の時代を終えて「古津」と呼ばれていたが、平安遷都と同時に「大きな船着き場」という意味を持つ「大津」に改称された。平安時代から中世を通じて、都と東国や北国を結ぶ湖上水運の要港として栄え、商業の一大拠点となっていた。商業的発展に伴い馬借《ばしゃく》と呼ばれる運送業者集団、そして問屋の仕組みとしての問丸《といまる》、さらに禁裏供御人《きんりくごにん》の座が一大勢力となって活躍していた。中世に横行した人身売買という負の商いも、ほかの地域の都市的な場がそうであるように、大津や松本においてもある時は合法的に公然と、またある時は闇にまぎれて行われていたのかもしれない。

音を奏でる琵琶湖のさざ波

近江の中心的な港のあった大津の浦は、平安末期ごろから西浦と東浦に分断され、それぞれ三井寺と延暦寺が支配していた。場所の位置関係は、現在の長等公園あたりから西北方面に西浦、東南方面に東浦があったとされる。雲居寺は天台宗の寺院であり、瞻西上人が延暦寺の僧であるつながりからも「速やかに少女を救出するためには、延暦寺領の東浦の港であってほしい」と思うのは、舞台を見守る観客の勝手な思い入れだろう。

東浦から東南の方角に進めば、松本である。都から逢坂山を越えて近江にいたる古道は、大津の幹線道路の京町通りにつながり、松本あたりで琵琶湖岸に出ていた。松本の港は、近世以降に栄える石場の渡し場と同一であろう。石場の渡し場は、京阪電鉄石山坂本線・石場駅そばの呼次松《よびつぎまつ》児童公園などを含む一帯にあった。「呼次松」の称は、渡し場に一株の老松があり、渡しの船頭がこの松の根元に立って客を呼び込んでいたことによりつけられた。

また享保一九年（一七三四）刊の『近江輿地志略《よちしりゃく》』には「天智天皇の詔《みことのり》によって、この地の松を辛崎（唐崎）へ移し、その松を〝一つ松〟と名づけた。この松の本である地なので、ここを松本と号した」と、地名の由来を紹介している。『自然居士』には「〽志賀辛崎の松の上葉」という詞章が出てくるのだが、自然居士は少女をさがしに大津の港から松本の港へと必死に走り回ったのかもしれない。

琵琶湖の音の世界を音楽として

自然居士が港にたどりつくと、少女を乗せた船が今まさに出航しようとしていた。船中の少女は縄

唐崎神社（大津市唐崎）の唐崎の松

で縛られ、口は綿でふさがれている。自然居士は小袖を投げ返して、裳裾《もすそ》を波に濡らしながら船端にしがみつき、船を引き止める。

自然居士は巧みな論法で人商人を追い詰めていく。たとえば自然居士から「人買い船」と言われて「人聞きが悪い」と怒る人商人に「一櫂《ひとかい》船と言ったのだ」と洒落でかわす。「われら人商人には大事な法がある。それはいったん買った人を返してはならないという掟だ」と言われると「われら僧にも大事な法がある。わが身を犠牲にする者と出会って、その者を助けることができなければ、自分の庵室に帰ってはならないという掟だ。少女を助けられないとなれば、私も一緒に東国に下るしかない」などとこまらせる。

弱り果てた人商人は、少女を返すことにするが「すんなりと返すのは悔しい」と、自然居士に芸能を要求することにした。自然居士は「私をなぶって恥をかかせたいのだな。〝志賀辛崎の一つ松〟に連れがないように、つれなく薄情なことだ」とまたしても、洒落。

ここからは芸尽くし。少女を救うため、中ノ舞、船の起源を説いた曲舞、簓や鞨鼓《かっこ》の舞を次々と披露する。船中に楽器があるはずもない。さざなみが立ち、さざなみが寄せる湖の音世界が楽《がく》となるのである。簓を擦る代わりに、扇の上に降りかかった松の上葉を数珠《じゅず》で「さらりさらり」と払う。岸辺に寄せる波が羯鼓のように「どう」と打つ。雨雲の間から雷が「とどろとどろ」と羯鼓のごとく鳴る。雨は小笹の竹に「はらはら」と降り、簓のような音を立てる。

簓や羯鼓などの物真似は狂言綺語の戯《たわむ》れながらも、仏の道に通じていく。「今、悟りの岸辺についた」と自然居士は少女を連れ出して、共に都に帰って行くのだった。

ご当地案内

蝉丸・関寺小町・自然居士

①逢坂山関跡碑▼蝉丸神社より百メートルほど東へ、平成二一年（二〇〇九）に完成した「逢坂の関記念公園」のそばに立つ。「逢坂山関址」と刻まれた自然石で、昭和初期の建立（関のあった場所かどうかは不明）。かたわらの「逢坂常夜燈」は寛政六年（一七九四）に、大津米屋中によって建てられた。

②関蝉丸神社上社・下社▼社記によると、弘仁一三年（八二二）に逢坂山山上の上社へ猿田彦命《さるたひこのみこと》、麓の下社へ豊玉姫命《とよたまひめのみこと》をまつったのがはじまり。逢坂の関のそばにある両社は、関の守護神として信仰された。のちに蝉丸を両社に合祀。歌舞音曲の神として崇敬されるようになる。上社の社殿の裏手の山道に「小町塚」がひっそりとたたずむ。自然石に小町の代表歌「花のいろはうつりにけりないたつらにわか身世にふるなかめせしまに」と刻まれている。下社の境内には「関の清水」と伝える石組みがある。

▼上社　京阪電鉄京津線大谷駅から徒歩5分／名神高速道路大津ICから5分。

▼下社　京阪電鉄京津線上栄町駅から徒歩五分／名神高速道路大津ICから5分。

③蝉丸神社▼京阪電鉄京津線大谷駅そば逢坂山の山腹に鎮座する。主神は蝉丸。旧東海道に面する石段下に「車石」が置かれている。

▼京阪電鉄京津線大谷駅から徒歩1分／名神高速道路大津ICから7分。

④安養寺▼逢坂一丁目、県道五五八号沿いにある。観音堂に安置されている観音菩薩像は「立聞観音」と呼ばれる。蝉丸の琵琶の演奏を聞きに来ている僧侶の後を博雅三位がつけていくと、観音堂に消えたとの伝説がある。

▼京阪電鉄京津線上栄町駅から徒歩5分／名神高速道路大津ICから7分。

⑤長安寺▼関寺の遺跡に建つ時宗の寺。本尊は阿弥陀仏立像。境内には本堂や書院のほか「一遍聖人供養塔」「小野小町供養塔」、比叡山より移した「百体地蔵」など多数の石仏石塔がある。「牛塔」と参道をはさんでそびえる「獣魂碑」は、大津市周辺の近江牛に関わる業者らの志によって昭和二年（一九二七）に建立された。高さ五メートルにも及ぶ大きな供養碑。

▼京阪電鉄京津線上栄町駅から徒歩8分／名神高速道路大津ICから8分。

⑥月心寺▼追分にある臨済宗系単立寺院。もとは相阿弥作と伝える「走井庭園」があり、周辺に茶屋が点在していたという。境内には小野小町の終焉の地と伝える場所に、茅葺《かやぶき》の懸造りの「小野小町百歳堂」があり、百歳の小町の姿を表した「百歳像」が安置されている。小町の位牌は、蝉丸、松尾芭蕉の位牌と共に「三聖祀堂」にまつられている。庭園には、名水「走井の水」が湧く。

▼京阪電鉄京津線大谷駅から徒歩10分／名神高速道路大津ICから8分／見学要予約。

⑦大津の浦・小舟入の常夜灯▼小舟入は大津の浦の船入の一つ。常夜灯は現在の大津市中央に立つ。文化五年（一八〇八年）に、伊勢講の「京都恒藤講《つねとうこう》」によって建立された。高さ五・四メートル。基壇部分には大津や京の町人四十名近くの名前が刻まれている。宿場町の船着場であった小舟入の地には、多くの水茶屋が軒を連ねていた。

⑧石場の常夜灯▼旧志賀郡松本村の石場の渡し場のシンボル。高さ八・四メートルの巨大な常夜灯である。弘化二年（一八四五）、鍵屋傳兵衛《かぎやでんべえ》と船持中から発起人によって建立された。常夜灯の基壇部分には近江のほか大坂、京、尾張などの寄進者の名前が刻まれている。製作した石工棟梁は、大津町人の近江屋源兵衛《おうみやげんべえ》。昭和三〇年（一九五五）以降、浜大津から膳所にかけての湖岸は大規模な埋め立てが行われ、石場の常夜灯も移設を繰り返した。現在は、びわ湖ホールと琵琶湖文化館の間の湖岸公園内にある。

坂本比叡山口
比叡山坂本
松ノ馬場
京阪電鉄石山坂本線
穴太
唐崎
唐崎神社
志賀の大仏
崇福寺跡
比叡山ドライブウェイ
滋賀里
161
高砂町
南滋賀町
大伴神社古墳群
福王子神社
福王古墳群
南滋賀
近江神宮
神宮町
近江神宮前
皇子山ランプ
京阪大津京
大津京
琵琶湖
西大津バイパス
大津市役所
大津市役所前
園城寺町
三井寺
三井寺
びわ湖浜大津
滋賀県庁
⑦大津の浦小舟入の常夜灯
⑧石場の常夜灯
島ノ関
JR湖西線
小関町
上栄町
御幸町
⑤長安寺
神出開町
石場
湖岸道路
②関蝉丸神社下社
大津
京都府
④安養寺
京阪膳所
JR琵琶湖線
③蝉丸神社
錦
大津IC
大谷町
梅林町
膳所本町
京阪電鉄京津線
大谷
1
②関蝉丸神社上社
①逢坂山関跡碑
中ノ庄
京都東IC
瓦ケ浜
⑥月心寺
大津市
粟津
名神高速道路
湖岸道路
矢橋帰帆島公園

兼平《かねひら》

矢橋・粟津——修羅場への渡し

作者　不明
曲柄　二番目物・勇士物・大小物
登場人物
前シテ……………老人
後シテ……………今井兼平の霊
ワキ………………旅僧
アイ………………渡守

あらすじ

木曽の旅の僧が矢橋《やばせ》の浦にたどりつき、柴船《しばふね》を漕ぐ船頭の老人に粟津《あわづ》までの便船《びんせん》を請う。老人はあたりの名所を教えつつ、旅僧を粟津に送り届けて姿を消す。

粟津が原で討死した木曽義仲《きそよしなか》と家来の今井四郎兼平について、土地の渡守と問答した旅僧は、暮れなずむ粟津が原で回向《えこう》する。夜中、甲冑《かっちゅう》を帯びた兼平の霊が現われ、粟津の合戦の凄まじい様子や、修羅《しゅら》の苦しみを訴える。そして「船頭の老人こそ、この兼平であった」と明かす。兼平は僧に「自分を浄土に渡してほしい。何よりも主君を弔ってほしい」と懇願し、主従の最期を再現すると、やがて姿を消すのであった。

瓢箪の専門店・瓢泉堂の敷地内に現在も残されている道標。「右やはせ道」とある

木曽から矢橋の渡しへ

木曽は信濃国（長野県）の山国である。信濃源氏の木曽義仲が、近江の粟津が原で討死したのは、寿永三年（一一八四）のことであった。

平家軍に勝ち進む義仲軍が、味方であるはずの鎌倉の源氏方の軍勢によって徹底的に討たれたのである。

それからどれほどの時がたっていたのであろうか。能『兼平』は、

矢橋港跡近くの琵琶湖岸

常夜灯が残る矢橋港跡

一人の木曽の僧が義仲らを弔うための旅に出るところからはじまる。

僧は信濃から東山道をたどって、美濃国（岐阜県）より不破《ふわ》関を越えて近江に至ったと思われる。東山道は近世の中山道とほぼ同じ道筋だ。東山道の終着は近江の草津宿。ここから西への旅路は東海道となる。草津宿を過ぎた僧は、やがて東海道の本筋から離れて脇道の矢橋道に入ったのであろう。向かったのは、琵琶湖の港の一つである矢橋の浦であった。

矢橋の浦に着いた旅僧は、柴船の船頭の老人に便船を請う。船頭は「これは渡し船ではない」といったんは拒むのだが、出家の僧の乗船を聞き入れたのであった。

古き港をめざして矢橋道を歩く

矢橋道は古道の面影を残しつつ、琵琶湖畔へと続いている。起点の目印はJR南草津駅の東北の方角、東海道に立つ矢倉道標。寛政一〇年（一七九八）に建立された石碑で「右やはせ道　これより廿五丁大津へ船わ多し」と刻まれている。

矢倉から瀬田の唐橋（54ページ参照）を経由し大津へと向かう東海道の陸路に対して、矢橋道より矢橋港（矢橋の浦）に至り、湖上を大津に向かう航路の方が近道であった。この航路は早道ではあるが、室町時代の連歌師の宗長《そうちょう》が詠んだ「もののふの矢橋の船は速けれど急がば回れ瀬田の長橋」の歌が示すように、天候に左右される不安定な行路でもあり「急がば回れ」と東海道の陸路の方が無難であったようだ。歌の「もののふ」とは武士の意味で、源平合戦の時代を含める中世期には、矢橋港は軍事的な要港としても利用されていた。

鞭嵜八幡宮（撮影・著者）

能『兼平』の僧を追って、矢橋道より矢橋港に向かって歩いてみよう。その道のりは三キロ弱。緩やかに蛇行しながら続いていく古道には、新旧の家屋が建ち並び、寺や神社をはじめ神仏をまつる小堂や祠《ほこら》、樹齢数百年の木々が静かに旅人を迎える。『兼平』の時代を物語る古跡もある。

たとえば鞭嵜《むちさき》八幡宮の名前の由来。建久元年（一一九〇）のこと、源頼朝が上洛するおりに当地を通り、馬上から鞭の先を神域に向けて指して、社の名を村人に尋ねたという。村人は「八幡宮」と答えた。この時より、頼朝が鞭を指したところから「鞭嵜八幡宮」となったと伝える。

『万葉集』には「近江のや八橋の小竹を矢はかずてまことありえむや恋しきものを」という歌があるが「八橋」は「矢橋」と理解されてきた。矢橋は、草津の志那《しな》、山田と共に古代から港として開かれていた。残念ながら当時の矢橋港の遺構はわからないものの、江戸時代の実態は発掘調査によって解明されている。

現在、矢橋港の跡地は矢橋公園として整備され、園内に船着場などの石積突堤を再現。また石積の台場の上には、弘化三年（一八四六）の刻銘のある常夜灯が、風に吹かれて立っている。しかし昔、常夜灯が照らしていた湖上は、ここからは遠い。矢橋港跡のすぐ前には人工島の矢橋帰帆《きはん》島（44ページ参照）が造営されていて、近江八景の一つ「矢橋帰帆」（113ページ参照）の風光は望めなくなっている。

湖上から眺める近江の名所

能『兼平』の僧が便船したのは、柴を積んで運ぶ柴船であった。矢橋港からの水運は、軍事や旅の交通路としてだけ機能していたのではない。湖岸の人々にとっては生活物資を運ぶ日常的な営みの航路でもあった。

柴船は、僧の目的地である粟津を目指す。矢橋から大津に向かう湖面より見渡せば、正面に音羽山系、長等山系の山脈、西に比叡山（94ページ参照）から続く比良山系が屏風《びょうぶ》のように連なっている。とりわけどっしりと厳かにそびえているのが比叡山である。船上の僧が「〽見え渡りたる浦山は皆名所にてぞ候らん」と尋ねる。船頭は名所の説明をはじめる。「比叡山の麓には、二十一社のある山王《さんのう》権現《ごんげん》（日吉大社／87・95ページ参照）、山王権現の背後には八王子山。戸津や坂本の人家まで見えている」と答える。

さらに船頭は、比叡山延暦寺の根本中堂（94ページ参照）までをも仰ぎながら「比叡山は都の丑寅《うしとら》にあたり、王城の鬼門を守護し、悪魔を払っている。比叡山は一仏乗の峰、日本の霊鷲山《りょうじゅせん》、天台山とも言う。延暦年間（七八二〜八〇六）に伝教大師《でんぎょうだいし》が創建した寺である」と詳しく語る。さらに法華経や天台宗の教義や観法《かんぼう》などにまで話を深めていく。

ところでこのように比叡山について詳細を述べるのには、能『兼平』にとって何か意味合いがあるのであろうか。思えば寿永二年（一一八三）のこと。越中国（富山県）の倶利伽羅峠《くりからとうげ》の戦で大勝利した木曽義仲は、敗走する平家軍を追って都へ向かった。そのさい延

湖越しに比叡山を仰ぐ（撮影・著者）

暦寺に牒状《ちょうじょう》を送って山門を味方につけ、矢橋などの港から琵琶湖を渡り、坂本より比叡山に登って陣取っている。義仲軍と比叡山との因縁があるとは言え、物語の展開に関係なく名所旧跡を綴るのは、能という芸能の役割の一つだろう。

さて舞台の季節は、平忠度《たいらのただのり》が「さざ波や志賀の都は荒れにしを昔ながらの山桜かな」と詠んだ桜樹が青葉となるころ。夏山の映る湖面を柴船は進み、日吉大社の山王七社の神輿渡御《みこしとぎょ》が行われる場所などを認めながら、早くも粟津の港についたのだった。粟津の港に僧を下ろすと、船頭は棹を捨て、何も語ることなく消え去る。

僧は、粟津の渡守から義仲と忠臣の今井四郎兼平の仔細《しさい》を聞く。兼平は義仲の乳兄弟であり、木曽四天王の一人として知られる勇将だ。主従が亡くなった粟津が原で僧が弔っていると、兼平の亡霊が修羅道の苦患《くげん》を示しながら現われる。亡霊は「矢橋の船人こそ、この兼平であった」と明かす。

粟津が原の見とどけた惨事

兼平の亡霊は、粟津が原での合戦の様子を語り出す。義仲は兼平と合流するために都から近江に下った。軍勢はたったの七騎。勢《せ》多《た》（瀬田）唐橋（54ページ参照）の陣より移動した兼平と打出が浜にて出会ったものの、粟津が浜では主従二騎となってしまった。兼平は「義仲様が人手にかかるのは末代までの恥辱《ちじょく》。自害してください」と松原を指さす。義仲は比叡おろしの吹く中を松原に向かって馬を進めたが、雪が積もって足元が見えず、薄氷の張る田に落ちてしまう。抜け出すことが出来ないまま、義仲は自害しようと刀に手をかけ、ふっと兼平のいる方向を振り返った。その時、敵の放った矢が義仲の兜《かぶと》を打ち抜いたのだ。

粟津の浜辺に広がる大津湖岸なぎさ公園（44ページ参照）

兼平は主君が無念にも自害出来なかったことを知らない。ただ「木曽殿が討たれた」との敵の声を聞き「この上はもう何も望むものはない」と、鐙《よろい》を踏ん張って立ち上がり「木曽殿の御内に今井の四郎」と大声で名乗りを上げる。敵を琵琶湖の汀《みぎわ》まで追い詰めて「自害の手本だ」と、太刀を口にくわえて馬より真っ逆さまに落ち、太刀に貫かれて命を絶った。

地元に生きる兼平の名前

粟津は、琵琶湖の西岸、大津市の南部にあたる地域で、近世においては瀬田の唐橋の西詰めから打出が浜までの広域をしめていたようだ。ただし湖岸の位置移動などもあって、粟津の合戦の戦場を定めることは難しい。

文化一一年（一八一四）刊の『近江名所図会』には「兼平寺（廃寺）」が紹介されており「当城（膳《ぜ》所《ぜ》城）御菩提所縁心寺の境内にあり。石塔『道光大居士兼平』と記せり。兼平塚も同時に建てり」と説明する。さらに「兼平塚」については「膳所の松原より二町西、田の畦にしるしの塚あり、膳所城主是を建てらる」としている。

膳所藩主の本多俊次《としつぐ》は、兼平に思い入れの深い人であったようだ。寛文元年（一六六一）、兼平の塚を中庄の墨黒《すぐろ》谷に見つけ出し、新たに墓石を建立した。墨黒谷は東海道よりも数キロ山手に位置するため参拝するのには不便だ。そこで次の藩主の本多康将《やすまさ》は寛文七年（一六六七）に、墓石を東海道付近に移している。現在地の晴嵐《せいらん》二丁目、JR石山駅に近い盛越川のほとりの一角である。墓石のそばにある記念碑は、明治四四年（一九一一）に兼平の末裔《まつえい》をはじめ当時の滋賀県知事や膳所町長らの発願によって建立された。

ひっそりとたたずむ今井兼平の墓

能『兼平』の兼平の最期は「〽目を驚かす有様なり」であった。兼平が僧に求めた「〽この舟を御法の舟に引きかへて、我をまた彼の岸にわたしして賜ばせたまへや」の悲願は叶ったのだろうか。ご当地の粟津にて供養され続けている兼平が、修羅から救われていると願いたい。

巴

ともえ

作者 不明
曲柄 二番目物・大小物
登場人物
前シテ……里女
後シテ……巴御前の霊
ワキ……旅僧
アイ……粟津の里人

あらすじ

木曽の旅の僧が粟津が原で一休みをしていると、社《やしろ》の前で涙を流す一人の女と出会う。女は「ここは木曽義仲《きそよしなか》がまつられているところ。義仲の霊を慰めてほしい」と頼み、夕暮の草陰に消える。僧が回向《えこう》していると、女が武者姿で現われる。女は「巴御前の霊である」と明かし、粟津の合戦における義仲の自害の様子と、自らの戦いぶりなどをしめす。巴御前は一人生き延びたことを悔み、今なお成仏が叶わず、僧に弔いを頼むのであった。

粟津
――恋慕の戦場

神の義仲の在所、粟津

舞台は近江の粟津が原（33ページ参照）。木曽からはるばると都をめざす僧が、粟津が原に差しかかった。そこに里の女が現われて「鳰《にお》の浦波は静かで、粟津の原の松の陰で神をことほぐ祭礼に、神も応えてくださり頼もしい」と言いつつ、涙を流している。僧が不審に思って尋ねると「行教《ぎょうきょう》和尚が宇佐八幡宮に詣でて〝何事のおはしますとは知らねども忝《かたじけな》さに涙こぼるる〟と詠まれた。宇佐の

東海道に残る粟津の松（左）。粟津なぎさ公園の水際に遊ぶ水鳥（上）

神は哀れと思って、行教の衣の袂《たもと》に影を写された。それ以来、都の男山に鎮座して国土安全を守っておられる。私が泣くのを不審がられるのは愚かではないか」と謎めいた返答をする。

　そして僧が木曽の者と知ると「あなたの住んでいるところは木曽義仲の在所であり、ここ粟津が原は義仲を神としてまつる地。拝んでください、旅人よ」と促す。僧は松の根元に留まって「義仲の霊の五衰《ごすい》の苦しみが慰められるように」と夜もすがら経を唱える。

　やがて入相《いりあい》の鐘の音が琵琶湖の浦波に響く。物寂しい時刻となり、女は「私も亡人。名前は粟津の里人に問うてください」と、草の葉陰に消える。里人から「女は巴の亡霊だろう」と聞いた僧は、巴御前の跡を弔うのであった。

　能『巴』の舞台設定は、粟津にある義仲をまつる神祠。文化一一年（一八一四）刊の『近江名所図会』には「八幡社」の項目に「膳《ぜ》所《ぜ》北小路にあり。義仲並に巴女を祭るといへり」とある。残念なことに現在は、八幡社の場所が特定できない。

　またシテの里の女が宇佐八幡宮について語っていることにも注目したい。膳所の杉浦町の若宮八幡神社は、古くは「粟津の森八幡宮」とも称していた。由緒には「宇佐八幡の御神託『近江の湖水の辺り粟津に、わが子人徳を祀り崇敬すべし』により、天武天皇がここに当神社社殿を造営されることになり……」とある。しかしながら若宮八幡神社に義仲と巴が神としてまつられているわけではない。

巴、美しく勇ましく

　巴は木曽義仲の恋人であり、義

仲の四天王の今井四郎兼平の妹とも言われている。見目麗しく、武勇に優れて、義仲が近江に敗走するおりの主従七騎の中にも残っていた。

『巴』は能の分類で言えば修羅物（二番目物）になる。修羅物とはシテが武将の亡霊であることが多く、死後も修羅道で苦しみ続けていて、救いを求めて現世に現われる。『巴』は現行曲の修羅物の中で、シテが女性のただ一つの曲である。

また、シテが亡霊である夢幻能《むげんのう》の『巴』に対して、巴が現実の人間として登場する『現在巴』は、近江のご当地の現在能だ。

能『巴』の後半、巴の亡霊は粟津の合戦の様子を語る。ころは、陰暦正月。粟津が原の戦場にて、義仲は薄氷の張る田に馬を乗り入れてしまう。巴が駆け寄って助け、松原に伴い「早く自害してください。私もお供します」と促すと、義仲は「あなたは女である。私の守小袖を木曽に届けよ。背くのであれば、三世の機縁も絶え果てよう」と言う。むせび泣く巴であるが、向かってくる敵を見ると「一戦うれしや」と長刀を長く持ち、敵を「八方払い」などの術で斬り立てた。

敵を追い払った巴が義仲のそばに行くと、すでに義仲は自害を遂げていた。巴は義仲の遺言通り守小袖を携え、木曽に落ちていくのであった。

巴の亡霊は僧に請う。「私一人が生きて帰郷したのが後ろめたい。この後ろめたさの執心《しゅうしん》を弔ってください」と懇願するのだった。

義仲と巴が眠る義仲寺《ぎちゅうじ》

能『巴』の巴の願いに通じる縁起が、大津市馬場《ばんば》の義仲寺（44ページ参照）に語り継がれている。

木曽義仲は、現在の馬場あたりに葬られた。ある日、美しい尼僧がやって来て、義仲の墓所のほとりに草庵を結んだ。あまりにも熱心に供養する尼僧の姿を見て、里人らは不思議がった。この女こそ巴であった。尼僧が亡くなった後、草庵は「無名庵《むみょうあん》」、あるいは「巴庵」「木曽塚」「木曽寺」「義仲《よしなか》寺」とも呼ばれるようになったという。

義仲寺はＪＲ膳所駅より琵琶湖方向に向かい、旧東海道を左折するとすぐ。大きな柳の下に「史跡義仲寺」の碑が立つ。風雅な境内には、本堂の朝日堂や木曽八幡社など義仲ゆかりの建物がたたずむ。山門前の巴地蔵堂には、巴を追福する石彫の地蔵尊がまつられている。「義仲公墓」は瀟洒な宝篋印《ほうきょういん》塔《とう》。墓の左隣には、自然石の巴塚が寄り添う。

義仲寺の翁堂。松尾芭蕉の像を安置する

境内の木曽義仲の墓

境内の巴塚

ところで、義仲寺の片隅にひっそりとある「山吹塚」。山吹とは、義仲が近江まで伴っていたもう一人の恋人だ。能『巴』のアイの粟津の里人は「義仲は、葵と巴の二人の女房を召し連れて上洛した」と「葵」の名前で明かしている。JR大津駅のそばにある「山吹地蔵」(44ページ参照)も、義仲にまつわるもう一つの恋慕の物語を耳打ちしている。

源氏供養《げんじくよう》

石山寺──誕生「源氏物語」

作者 不明

曲柄 三番目物・大小物

登場人物
前シテ……里の女
後シテ……紫式部の霊
ワキ……安居院《あぐい》の法印
ワキツレ……従僧
アイ……石山寺門前の者

あらすじ

安居院の法印が石山寺に参詣する道すがら、一人の里の女に呼び止められる。女は「光源氏を供養しなかったために、自分は成仏出来ないでいる」と述べ、法印に光源氏の供養を頼む。女の正体は『源氏物語』の作者の紫式部の霊であった。

法印が石山寺で光源氏と紫式部の供養をしていると、紫式部の霊が現われて共に回向《えこう》する。紫式部は布施《ふせ》の代わりに、法印の依頼に応えて舞を舞う。紫式部は石山寺の観世音の化身であったという。

『源氏物語』は虚言《きょげん》にて

舞台は、安居院の法印が自坊を出発するところからはじまる。安居院とは、京都市上京区の寺之内にあった寺院。比叡山延暦寺の東塔（94ページ参照）の竹林院の里坊として、平安時代末期に開かれた。ワキの法印は、安居院を開基した澄憲《ちょうけん》の子息である聖覚《しょうかく》だと推測される。

法印は「私は石山の観世音を信

石山寺境内奥にある紫式部像

桜が咲く石山寺の春の景色

じ、常に参詣している。今日もまた参ろうと思う」と、出立の目的を述べる。季節は春の候。名にしおう花盛りの都である。安居院から白川を過ぎ、山科の音羽山にかかる滝をよそに見て、やがて逢坂の関（8ページ参照）に至る。関のあなたこなたには朝霞が漂い、有明の月影が残る鳰《にお》の海が見えている。琵琶湖は海ではないので塩焼きの煙は立たないけれども、浦の波に水煙が湧き上がる景色がまことに趣深い。

法印が近江路を行くと、一人の里の女が「法印とはあなたのことか」と声をかけてきた。そして「私は石山寺に籠《こも》って『源氏物語』を書いた。後の世に名声を得ているが、光源氏の供養をしなかった科《とが》によって成仏出来ないでいる。どうか石山寺にて光源氏の供養をし、私を弔ってほしい」と願い出る。法印は女が『源氏物語』を著わした紫式部の亡霊であることに気づくのであった。

現在において『源氏物語』といえば、日本文学史上の最高傑作と誰もが認めるところだろう。ところが能『源氏供養』に登場する紫式部の霊は、まるで罪人のように落ち込み、法印に回向を請うている。

実は、平安末期から中世にかけては、狂言《きょうげん》綺語《きご》の思想が根深かった。道理に合わない言葉や飾り立てた文言によって、人々の心を酔わし惑わせた者は、地獄に堕ちるという宗教観である。『源氏物語』を書いた紫式部も妄言戒《もうごかい》を犯した罪により、地獄に堕ちているとされている説があった。苦患《くげん》をこうむる紫式部を救うために、歌人らが集まって行われていたのが、紫式部を回向する法会、曲名にもなっている「源氏供養」である。

巻名を綴る曲舞《くせまい》

大津に入った法印が、どんな経路をたどって石山寺（44ページ参照）に向かったかは『源氏供養』には書かれていない。大津から東海道を歩き、瀬田唐橋から瀬田川の右岸を石山寺に向かったのか。打出浜の港から船で瀬田川を下ったのだろうか。あるいは石山寺のある伽藍山の南側から入山する古《いにしえ》の参詣道だったのか。

石山寺にて、念頭の目的であった仏事を終えた法印は、夜更け方の鐘の声に心を澄ましている。紫式部の菩提を弔おうとしつつも「『源氏物語』は真実の話ではなく……」と少し戸惑っている様子でもある。そこへ、ありし日の姿で紫式部の霊が恥じらいながら現われる。光源氏を供養する法印に対して、紫式部は布施を申し出るが法印は辞退し、代わりに舞を所望する。

紫式部は夢のごとく舞い、やがて願文《がんもん》を記した巻物を法印に渡し、一曲の頂点であるクセを謡い舞う

石山寺の名の由来ともなった硅灰石（天然記念物）と多宝塔

8月の千日会では、万灯供養が行われ、境内は提灯が並ぶ。多宝塔への石段も提灯が吊られる

のである。「〽桐壺《きりつぼ》の、夕べの煙速かに法性の空に到り、帚木《ははきぎ》の夜の言の葉は終《つい》に覚樹《かくじゅ》の花散りぬ、空蟬《うつせみ》の、空しきこの世を厭ひては、夕顔の、露の命を観じ、若紫の雲の迎へ末摘花の台《うてな》に坐せば、紅葉の賀の秋の…（略）…浮舟に喩ふべしとかやこれも蜻蛉《かげろう》の身なるべし、夢の浮橋をうち渡り、身の来迎《らいごう》を願ふべし」と『源氏物語』五十四帖の「桐壺」から「夢浮橋」までの巻名が織り込まれている。

詞章のもとになっているのは『源氏表白《ひょうびゃく》（源氏供養表白）』。源氏供養の法会の場で唱えられていた表白文（願文）のことだ。その作者は、安居院の法印の聖覚と言われている。聖覚は説法唱導の名人と謳われた高僧であった。

書きはじめは石山寺

ところで『源氏供養』の舞台は

９月に石山寺で行われる秋月祭での十五夜の月

なぜ石山寺なのであろうか。「へ我石山に籠り、源氏六十帖を書き記し」と謡われているように、世間でも石山寺で『源氏物語』が執筆されたという話が古くから伝承されてきた。

南北朝時代の『源氏物語』の注釈書『河海抄《かかいしょう》』には、物語の起筆について述べられている。「大《だい》斎院《さいいん》（選子内親王《せんしないしんのう》）が、今までにない珍しい物語を上東門院《じょうとうもんいん》に所望した。上東門院は女房の紫式部に新作を書くように命じた。紫式部は石山寺に通夜して物語の成就《じょうじゅ》を祈願する。おりしも八月一五日、満月が琵琶湖の湖面に映って、紫式部の心は澄み渡り物語の構想が浮かんだ。仏前にあった大般若経の料紙を本尊から申し受けて、まず『須磨』と『明石』の両巻を書きはじめた」と。

石山寺には、本堂の正堂《しょうどう》と礼《らい》堂《どう》の間に「源氏の間」と称する部屋がある。ここで『源氏物語』が執筆されたと伝え、「源氏窓」と呼ばれる花頭窓《かとうまど》からは、物語を執筆している「式部像」が見える。室町時代の絵師・土佐光信《とさみつのぶ》筆の『石山寺縁起絵巻』には「この物語を書いた所を源氏の間と名づけて、その所は変わらずある」と記されている。

紫式部は石山寺の観世音であった

能『源氏供養』の紫式部の霊は、弔いの法力によって成仏を果たす。能の曲の多くが、シテの成仏によって終曲するのであるが、『源氏供養』の舞台は終わらない。「紫式部は石山寺の観世音が、仮の姿となってこの世に現われて『源氏物語』を書いたのだ」と思わぬ展開をみせる。

平安末期以降に書かれた『今

石山寺の紫式部供養塔

鏡』には「妙音観音が女人の姿となって、仏法を説いて人を導くために現われた。紫式部は観世音の化身である」とし、『河海抄』と『石山寺縁起絵巻』にも紫式部を「観音の化身と申し伝える」と記している。『源氏物語』が高く評価されると共に「これほどの大作を女性一人で書けるはずがない」とされ、観世音が化身して紫式部となり『源氏物語』を完成させたという解釈が流布されていたようだ。

能『源氏供養』の最後を締めくくるのは「〽思へば夢の浮橋も、夢の間の言葉なり」。これは「夢の中のあやうい通い路も、はかない言葉であった」と訳せばいいのだろうか。『源氏供養』は『源氏物語』もこの世が夢であることを知らせるための観世音の方便であったという。

観世音は『源氏物語』の起筆のおりにも、死後の迷妄《めいもう》からも、紫式部に救済の手を差し伸べた。できれば光源氏との愛に傷つき果てて、生き地獄を見た『源氏物語』に登場する女人たちにもその手が向けられていてほしい。愛憎の辛苦もまた、夢の浮橋。「夢の間の言葉なり」と描かれた女人たちの悲しみに、観世音は慈悲の眼差しを向けていたと思いたい。

石山寺の観世音とは、本尊の如意輪観世音菩薩のことである。平成二八年（二〇一六）、如意輪観世音菩薩の厨子《ずし》の扉が開かれた。三三年に一度の御開扉であった。如意輪観世音菩薩は硅灰石《けいかいせき》の自然石の上に据えられた蓮華台の上に、約五メートルの大きさでおおらかに座す。包容力のある満ち足りた存在感。温和な表情から柔らかな光を発している。左足を下げた半《はん》跏《か》の姿勢で、膝に置かれた左の掌を仰向け、右手に蓮華を持っている。開帳時には、薬指に五色の紐が結わえられ、参拝者のもとまで伸びていて、人々はこの紐を持つことで観世音と結ばれた。如意輪観世音菩薩がおわして千二百年あまり。紫式部をはじめ数多の衆生を救い続ける、頼もしく尊い姿であった。

ご当地案内

兼平・巴・源氏供養

①矢橋帰帆島公園▼草津市矢橋町。矢橋帰帆島は、矢橋港の前面の琵琶湖を埋め立てて造られた人口の島。現在は公園施設として整備されている。公園内には、無料の施設として「子供の広場」「大はらっぱ広場」「せせらぎの池」「遺跡の広場」など、有料施設としてキャンプ場、グラウンドゴルフ、多目的グラウンド、プール、テニスコート、ゲートボール場、相撲場などがある。

②大津湖岸なぎさ公園▼浜大津から近江大橋までの湖岸一帯、5キロ近くにもおよぶ長い公園。玄関口となる「おまつり広場」、びわ湖ホールのある「打出の森」、四季折々の花に彩られた「なぎさのプロムナード」、数々のイベントが催されている「市民プラザ」、白浜青松の「サンシャインビーチ」が続く。公園の南端にあたる「膳所・晴嵐の道」は、膳所城址公園から晴嵐までの遊歩道。松並木の中に近江八景「名勝・粟津の晴嵐」の石碑がある。

③兼平餅（亀屋廣房）▼昔、粟津の松原は民家のない物騒なところであったため、安政年間（一八五四〜五九）に東海道沿いに三軒の茶屋が開かれた。そのうちの一軒によって製菓されていた東海道名物。明治期に茶屋は廃業したが、近年、地元の和菓子屋が「兼平餅」を復活させた。

④義仲寺▼粟津の合戦で果てた木曽義仲を葬ったことに由来する。室町時代末期に近江守護であった佐々木六角が建立したと伝える。松尾芭蕉が度々訪れ、遺言によってここに墓が立てられたと言われている。境内には、芭蕉翁座像などを安置する翁堂をはじめ、芭蕉の辞世の句である「旅に病んで夢は枯野をかけめぐる」や、門人又玄《ゆうげん》の句「木曽殿と背中合わせの寒さかな」など数多くの句碑が立つ。本堂の朝日堂には、義仲・義高父子像を納めた厨子《ずし》、義仲、今井四郎兼平、芭蕉ら三一柱の位牌をまつる。境内の片隅に、義仲の恋人である山吹の塚がある。

▼JR琵琶湖線膳所駅・京阪電鉄石山坂本線京阪膳所駅から徒歩10分／名神高速道路大津ICから5分。

⑤山吹地蔵▼山吹とは、義仲が巴と共に都に伴った恋人。ちなみに能『巴』では、巴と葵という二人の女武将を伴ったとしている。山吹は近江に落ちた義仲を追って大津に入ったが、秋岸寺（現在のJR大津駅付近にあった）の竹藪で敵の手にかかって亡くなった。後世、山吹をしのんで地蔵が刻まれたという。秋岸寺は駅舎の建設によって移転したが、山吹地蔵は残されて祠にまつられ、今もなお大津駅の西横に建つ。駅前には山吹塚があったが、駅の拡張工事にともない義仲寺内に移された。

⑥石山寺▼東寺真言宗の大本山で、大津市石山寺に鎮まる。伽藍山の麓に建つ境内には、天然記念物の硅灰石が隆起し、寺名の由来となっている。西国三十三所霊場の第十三札所。『石山寺縁起絵巻』によると、天平一九年（七四七）に東大寺の良弁《ろうべん》によって建立され、聖武天皇の念持仏の如意輪観音像を安置したとする。平安中期から観音の霊地として、王朝人らの尊崇を集めるようになった。特に女人の信仰は篤く、清少納言は『枕草子』に「寺は石山……」と一番に上げ、『蜻蛉日記』を著わした藤原道綱《ふじわらのみちつな》の母や『更科日記』の作者である菅原孝標《すがわらのたかすえ》の女《むすめ》らも石山寺に参籠している。瀬田川にいどむ山門（鎌倉時代・重文）をくぐり、塔頭の続く参道から石段を登ると、硅灰石のまわりに観音堂や毘沙門堂、御影堂、鐘楼などの堂宇が見える。硅灰石の大岩の上には懸造りの本堂（平安時代・国宝）が建つ。巨大な厨子に秘められた本尊の如意輪観世音菩薩（平安時代・重文）をはじめ、内陣には平安時代の毘沙門天、不動明王などの重要文化財が安置されている。寺宝が多く、豊浄殿では『石山寺縁起絵巻』をはじめ紫式部が使ったという古硯など式部ゆかりの文化財も展示されている。石山寺からの月は近江八景の一つ「石山秋月」（113ページ参照）。高台にある月見亭から眺める名月は特に情緒に富む。

▼京阪電鉄石山坂本線石山寺駅から徒歩10分、JR琵琶湖線石山駅下車、京阪バス約10分、石山寺山門前／名神高速道路瀬田西ICから10分。

比叡山ドライブウェイ
滋賀里
南滋賀
近江神宮前
皇子山ランプ
大津京
京阪大津京
161
大津市役所前
西大津バイパス
JR湖西線
大津市歴史博物館
大津市立伝統芸能会館
三井寺
琵琶湖疏水の大津閘門
琵琶湖
びわ湖浜大津
三井寺
長等公園
滋賀県庁
御幸町
島ノ関
上栄町
園城寺町
石場
湖岸道路
④義仲寺
大津
⑤山吹地蔵
JR琵琶湖線
京阪膳所
京阪電鉄石山坂本線
錦
膳所本町
中ノ庄
瓦ヶ浜
粟津
大津IC
梅林町
名神高速道路
大谷
大津市
京都東IC
1
近江大橋
559
湖岸道路
矢橋港跡
①矢橋帰帆島公園
③兼平餅(亀屋廣房)
②大津湖岸なぎさ公園
石山
瀬田大橋
東海道新幹線
唐橋前
建部大社
瀬田西IC
瀬田東IC
石山寺
⑥石山寺
石山IC

望月
もちづき

守山宿——能の仇討ちと芸能

作者 不明
曲柄 四番目物・芸尽物・太鼓物
登場人物
前・後シテ……小沢刑部友房《こざわのぎょうぶともふさ》
ツレ……安田庄司友治《やすだのしょうじともはる》の妻
子方……花若
ワキ……望月秋長《もちづきのあきなが》
アイ……望月の供人

あらすじ

信濃国の安田庄司友治は、望月秋長に討たれた。友治の妻と子の花若は流浪の旅に出て、守山宿の甲屋《かぶとや》に宿泊する。偶然にも宿主は旧臣の小沢刑部友房であった。そこへ今度は、望月秋長らが宿客としてやって来る。友治を殺害した秋長は無罪となり、都から信濃へ帰郷する途上であった。友房は花若に父の仇討《あだう》ちをさせようと策する。友治の妻は「盲御前《めくらごぜ》」に扮して曽我兄弟の仇討ちを謡い、花若は八撥《やつばち》を打ち、友房は獅子舞を舞う。やがて余興に気を許し酒に酔って眠った望月を、花若が討ち果たす。

中山道守山宿の本陣跡の碑（中央）と宿場絵図に描かれた井戸跡（左）

守山宿にて、仇討ちの一部始終

能『望月』は、ストーリーの展開をドキドキしながら手放しで楽しめる曲だ。

ここは近江国の守山宿。東山道の宿場である。この地で旅籠《はたご》の甲屋を営む亭主は、なにやら曰くあ

今宿と守山宿の間、中山道にかかる土橋

守山宿跡に立つ石造道標、側面に「右　中山道　幷（ならびに）　美濃路」と彫られている

りげである。

　さて、舞台は守山から東国に飛ぶ。母と子の二人連れが旅をしている。二人は信濃国（長野県）の住人。女の夫は安田荘司友治といい、信濃の何れかの地の領主であったが、同国の望月秋長に討たれてしまう。友治の家来たちは散り散りに離れ、頼る者を失った母子は、望月の追っ手から逃れるために都をめざしているのだった。

　やがて守山の宿にたどりついた母子は、甲屋に泊まることにする。何という偶然か、甲屋の亭主は、友治の屋敷に雇われていた小沢刑部友房だった。主従は再会を喜んで手に手を取り合う。

　さらに舞台は転換し、都から下ったばかりの道すがら。一人の男が家来を従えてやって来る。男の名前は望月秋長。友治を殺害した咎《とが》によって都で裁かれていたのだが、嫌疑が晴れて信濃へ下向する途上である。守山宿に到着した望月と家来は、甲屋に宿を請う。用心のために名前を伏せていた望月だったが、家来は思わず漏らしてしまう。驚く友房。甲屋に主君の妻子と、その敵《かたき》である望月が同宿するのだ。仇討ちの千載一遇のチャンスである。

　友房はさっそく花若に報告する。いきり立つ花若をなだめて、仇討ちのための策を告げる。その策とは、望月の部屋に出向いて、盲御前を装った母が謡い、花若は八撥を打ち、友房は獅子舞を舞い、望月を油断させておいて討とうというものであった。

　望月の前へ出た母は、父の仇討ちをめざす曽我兄弟の一万（十郎）と箱王（五郎）について物語る。語りの中の「〽敵を討たせ給へや」のくだりを聴いた花若は、思わず

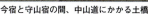

「〽いざ討とう」と声を出してしまい、場は一瞬にして緊迫する。友房が「この子は『八撥を打とう』と申したのですよ」と取りなし、花若は八撥を打つ。さらに友房は獅子舞を面白く舞う。望月は盃《さかづき》を重ねて酔いしれ、眠りに誘われる。友房の助けを得て、この時とばかりに花若は父親の仇を討ち、みごと本懐を遂げるのであった。

登場人物を結ぶ東山道

『望月』に登場する母と花若は信濃路を、一方の望月は都路を経て、それぞれ東山道に入って守山宿に到着している。

東山道は律令時代から中世にかけての幹線道路の一つである。源頼朝が文治元年（一一八五）に定めた駅制の「駅路《えきろ》の法」では「東海道」と名づけられ、六十三の宿が制定されていた。近江の宿の中には「杜山（守山）」の名前が記されている。鎌倉幕府が滅亡した後は東海道の名前は消え東山道の文字がふたたび使われるようになっていく。

東山道に代わって、中山道が五大街道の一つとなった江戸時代、寛永一九年（一六四二）には守山に「守山宿」としての制札《せいさつ》が与えられた。「京発ち守山泊り」と言われ、京都から中山道を下る旅人がはじめて泊まる宿場として栄えた。時代は違えども『望月』の望月も、都を出立した日に守山宿の甲屋に宿泊したのだった。

守山宿の芸能を探って

『望月』の作者は不明である。制作された時期もわからない。また『望月』の原型となる史実や伝承も見つかっていない。つまり今のところ、架空の物語ということになるのだが、作者が守山宿に場所を設定したのには何らかの理由があるはずだ。

たとえば、芸能の縁《よすが》。『望月』は「芸尽物」と呼ばれるジャンルに属している。芸尽物の見どころは、物語の中で演じられる芸能の数々。『望月』では、盲御前に扮した母の謡であり、花若の八撥の舞、友房の獅子舞となる。

盲御前とは、瞽女《ごぜ》のことである。室町後期に制作された『七十一番職人歌合』には絵と歌、詞書《ことばがき》によって、鼓を左膝上に構え『曽我物語』を語る瞽女の姿が描かれている。『望月』の謡には「〽今頃この宿にはやり候ものは、盲御前にて候」「〽これはこの宿に候盲御前にて候、かやうのお旅人のおん着きの時は、まかり出でて謡などを申し候」とある。つまり「守山宿には瞽女がおり、たいそう人気を集めていて、旅人が来ると謡などの芸能を披露していた」というのだ。盲御前と守山との関係の史実は見つからないものの、詞章の表現がリアルで、どうも絵空事とは思えない。

　八撥と獅子舞は中世に流行した芸能で、『望月』ではこれを模して能の舞に仕上げている。八撥というのは羯鼓《かっこ》のこと。能では小型の羯鼓を腰帯に結び、二本の撥《ばち》で打ち鳴らしながら軽快に舞う。

　中世の近江に目を向けてみると、実に多くの太鼓踊が各地で行われていた。太鼓踊は風流踊《ふりゅうおどり》の一つで、少年や青年が美しく装って太鼓を奏しながら踊る。現在の守山市にも、大将軍神社の「古高《ふるたか》鼓踊《こおど》り」や馬路石辺神社の「豊年踊り」、下新川《しもにいかわ》神社の「鮨《すし》切り祭」に続く「かんこの舞」、小津神社の「長刀《なぎなた》祭り」などが伝わる。中世の田楽《でんがく》の名残をとどめるこれらの祭事芸能の中に、八撥を打つ花若の姿が見出されよう。

数年に一度大将軍神社で奉納される古高の鼓踊りでは中世の芸能の様子がしのばれる

　『望月』は獅子舞を演じるところから、重い習物《ならいもの》とされている。出立《いでたち》も一風変わっていて、能面をつけない直面《ひためん》で、口元を赤布で覆い、獅子の大きな口を表すため、赤頭《あかがしら》に金色の扇を二枚つけている。獅子の舞は能の類型的な型に当てはまらない。両袖を張り、頭を振り、反り返るなどして勇壮に舞うのである。

　獅子舞といえば、近江では伊勢大神楽《かぐら》(国指定の重要無形民俗文化財)が思い出される。伊勢大神楽とは、獅子舞などの芸能を披露しながら檀那場《だんなば》の各戸をまわり、伊

わずかに守山宿の面影を残す街道付近の川沿い

守山市内をめぐる伊勢大神楽。これも現代に息づく芸能の一つ（撮影・著者）

勢神宮（現在は伊勢大神楽講社）の神札を配布する社中のことであり、また芸能の総称をさしている。三重県桑名市太夫町の増田神社を本拠地として、現在は五名の太夫が講社を率いている。毎年一二月二四日に増田神社で初舞の準備を整えて、諸国に旅立つ。現在、守山市を回檀しているのは山本勘太夫社中。一月下旬から二月二日までの間、守山の町をめぐる。

人気を博した守山の稚児猿楽

今日の能は大和猿楽（120ページ参照）の観阿弥《かんあみ》・世阿弥《ぜあみ》父子によって大成された。南北朝から室町時代にかけて大和猿楽と競い合っていたのが、近江猿楽（121ページ参照）の六座である。六座以外にも、近江には手猿楽《てさるがく》（123ページ参照）と呼ばれる素人らによる猿楽が盛んで、近江全土は猿楽の一大拠点となっていた。近江の手猿楽の中でも、今日まで多くの記録を残したのが守山の手猿楽である。

一五世紀から一六世紀に書かれた日記などには、守山の手猿楽について「都の五条坊門東洞院の勧《かん》進《じん》猿楽にて、守山の一四、五歳の若衆と一一、二歳の少年の演能を観た。絶妙で言葉が及ばない」「猿楽を守山の小さな者に演じさせる」「南都にて演じられた江州森山（守山）の手猿楽は、美麗だが下手であった。七、八歳の子供の大鼓は見事であった」などと記されている。これらの記録から、守山の手猿楽の中心が「稚児猿楽」であり、評判を得ていたことがわかる。

手猿楽や太鼓踊など子供が活躍する守山の芸能模様を母胎として、人と人が出会う宿場を舞台に、子が父の敵を討つ『望月』の物語が構想されたとしても不思議ではない。

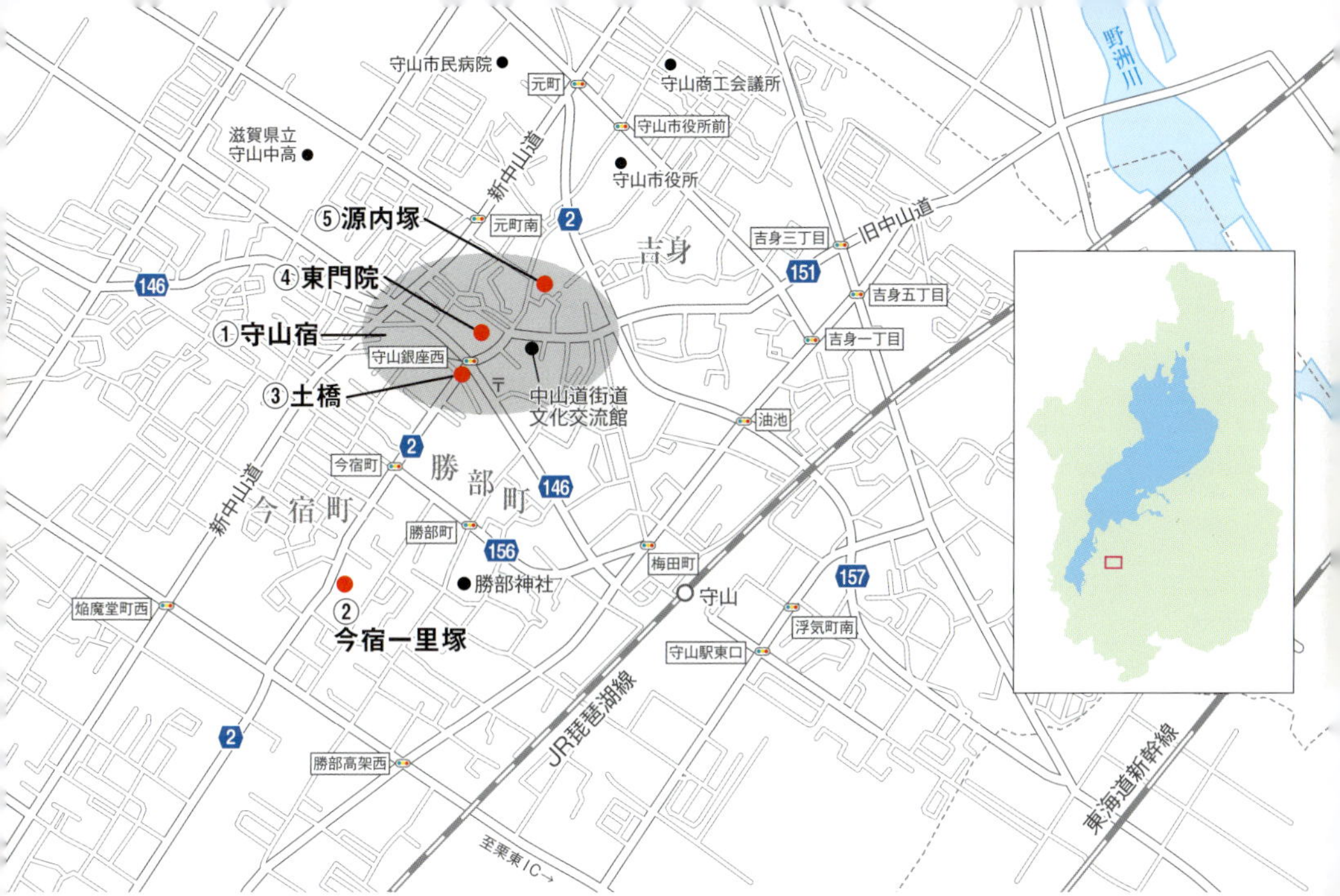

ご当地案内

望月

①守山宿▼江戸時代の五大街道の一つ中山道の宿場町。幕末の『中山道宿村大概帳』によると、近江中山道八ヶ所の宿場のうち、守山宿（今宿と吉身宿の加宿を合わす）は宿高が三番目に高く、二軒の本陣と一軒の脇本陣、三ヶ所の人馬継問屋場、三〇軒の旅籠、四一五軒の戸数、千七百人の人口を有していたとする。現在、守山宿が設けられていた守山市守山界隈では、宿場の歴史を語る「中山道街道文化交流館」などの施設があり、道標や本陣跡、高札跡、井戸跡などが街道の面影を伝える。

②今宿一里塚▼守山宿の加宿の今宿に残る一里塚。滋賀県内で唯一現存する一里塚である。

③土橋▼今宿と守山宿の境に流れる吉川に架かる。江戸時代には長さ約三六メートルもあった。歌川広重の『木曽街道六十九次』の守山宿の景色は、この橋から観た景観だと言われる。

④東門院▼守山宿の中山道沿いに建つ。正式名は比叡山東門院守山寺。比叡山の東方の鬼門を守るために建立されたと伝わり、守山の地名の語源の一説ともなっている。

▼JR琵琶湖線守山駅から徒歩10分／名神高速道路栗東ICから15分。

⑤源内塚▼源内《げんない》兵衛《ひょうえ》真弘《さねひろ》の墓。源内は、平治の乱に敗北した当時一三歳だった源頼朝を、守山宿で捕らえられようとするが逆討ちにされてしまった。源内を哀れんで、宿場のそばに埋葬された。

街道沿いに建つ東門院

烏帽子折《えぼしおり》

鏡宿——義経元服の地

作者 宮増《みやます》とも

曲柄 四番目物・斬合物・太鼓物

登場人物

前シテ……烏帽子屋の主人
後シテ……熊坂長範《くまさかちょうはん》
子方……牛若丸
前ツレ……烏帽子屋の妻
後ツレ……長範の家来
ワキ……三條吉次《きちじ》
ワキツレ……三條吉六《きちろく》
アイ……小賊
アイ……六波羅の早打《はやうち》
アイ……赤坂宿の亭主

あらすじ

牛若は三條吉次らと共に東国へと旅立つ。近江の鏡宿《かがみのしゅく》につくと、牛若拿捕《だほ》の達しが出されていた。稚児姿だった牛若は、身を守るために元服を思い立つ。烏帽子屋を訪れて左折りの烏帽子を求め、謝礼に一振りの短刀を与える。短刀を見た烏帽子屋の妻は、もとは源氏ゆかりの者であったため、少年が牛若であると気づく。烏帽子屋は牛若に短刀を返す。

美濃国（岐阜県）の赤坂宿《あかさかのしゅく》についた吉次一行は、盗賊の熊坂長範の一党に襲われるが、牛若が兵法をもってみごとに斬り伏せる。

鳴谷池の水面にその姿を映す鏡山

悲劇の大スター源義経

源義経は歴史的な悲劇のヒーローである。源氏の棟梁の源義朝の御曹司《おんぞうし》として生まれながら、父が平治の乱で平清盛に大敗して一族は離散。牛若丸（義経の幼名）は都の北の鞍馬寺に預けられる。その後、東国に下って奥州（東北地方）の藤原秀衡《ふじわらのひでひら》にかくまわれる。

中山道・鏡宿の現在の街並み

やがて兄の源頼朝の挙兵に従い、平家を滅ぼす活躍をする。

しかし頼朝は義経を猜疑《さいぎ》し、義経が後白河法皇から「検非違使《けびいし》（判官）」の官位を受けたことを理由にして義経追討の命を下す。逃亡を続ける義経だったが、追い詰められて文治五年（一一八九）に自害して果てる。後年、巷《ちまた》では九郎判官義経に対する同情と思慕から「判官贔屓《ほうがんびいき》」という言葉が生まれた。

義経の一代記『義経記《ぎけいき》』が編まれたのは、義経が亡くなってから一五〇年以上の時を経たころ。同時代に興ったとされる「幸若舞《こうわかまい》」の『烏帽子折』や『鞍馬出』、さらに能『烏帽子折』は、少年牛若丸を日本人好みのアイドルとして偶像化した。

牛若、東山道を行く。初の東下り

合戦や逃避行のために、東国と西国とを行き来した義経は、近江の地を何度も踏んでいる。能『烏帽子折』は、義経がはじめて近江を通った時の出来事である。ストーリーにそって、鏡宿（59ページ参照）までの近江路をガイドしよう。

密かに鞍馬山を抜け出した牛若は、都を出発した三條吉次・吉六兄弟に「陸奥（東北地方）へ下向《げこう》するのならお供させてほしい」と声をかける。やがて一行は東海道の粟田口《あわたぐち》から松坂、四宮河原を経て逢坂の関（8・26ページ参照）を越えて近江に入る。吉次は商人で、宝の荷物を積んだ馬を牽《ひ》き連れている。馬の後に続く義経は、商人と主従関係になったわが身を悲しむ。さらに逢坂山では、帝の子の蟬丸（6ページ参照）が藁屋《わらや》を結んでいたことを侘しく思い起こすのであった。

現在も多くの人が行き来する瀬田の唐橋

　一行は琵琶湖を望む粟津が原（34・44ページ参照）を過ぎて、瀬田の長橋（唐橋）を渡る。その時の牛若は、自身の初陣のことなど想像も出来なかっただろう。一〇年後の寿永三年（一一八四）、義経・範頼を大将とする鎌倉軍は、宇治や瀬田の唐橋での戦いの末、粟津が原にて木曽義仲を討つことになるのだ（28・34ページ参照）。

　瀬田の唐橋は大津市の瀬田川に架かる。古来、都の防衛上の要《かなめ》であったことから「唐橋を制する者は天下を制す」と言われてきた。弘文元年（六七二）、壬申の乱の激戦地となったのが、瀬田の唐橋の文献上の初見である。

　瀬田の唐橋を過ぎると、街道は琵琶湖から徐々に遠ざかっていく。一行が草津の野路《のじ》に差しかかれば、早くも夕露が光っている。古くから野路は歌枕として知られる景勝

鏡神社。創祀年代は不詳だが、天日槍《あめのひぼこ》を産土神としてまつったのが起源とされる

地で、「野路の玉川」には玉のような清水が湧き上っていたという。近世に草津宿が置かれるまでは、野路宿として賑わい、頼朝をはじめ数々の武将らも投宿していた。

道は野路付近から東海道と東山道とに分かれる。一行が東山道に入り、守山（46・51ページ参照）に至るころには、下葉を照らす日も傾く。夕月も出たころ、鏡宿に到着した。

身に迫る危機。鏡宿で元服する

吉次たちが鏡宿で休憩していると「鞍馬山から出た牛若を捕らえるように」と触れまわる六波羅の早打の声。牛若は正体が露呈しないように、髪を切り烏帽子を着けて元服し、東男《あずまおとこ》に身をやつすことにする。

そこで鏡宿の烏帽子屋に、左折りの烏帽子を所望。右折りが平家を表すのに対して、左折りの烏帽

鏡神社で毎年3月に行われる鏡の里元服式。写真は、その中の加冠の儀

子は源氏を表す。烏帽子屋の主人は「平家の世に左折りの烏帽子とは……」と不思議がるが、牛若の注文を聞き入れて「八幡太郎（源義家）は私の先祖が左に折った烏帽子を頂き、帝に拝謁《はいえつ》して出世した」などと語り、左折りの烏帽子のめでたさと牛若の行く末を祝福する。

出来上がった烏帽子を牛若に着けた主人は「日本一、烏帽子が似合う」と讃える。牛若は烏帽子の謝礼に自分の刀を差し出す。その刀を見た烏帽子屋の妻は驚く。なんと妻は、義朝の近臣・鎌田《かまた》兵《ひょう》衛《え》正清《まさきよ》の妹・阿古屋《あこや》の前であった。刀は義朝が牛若に与えたものであることに気づいたのだ。

早や、夜も白々と明けてきた。鏡宿を立ち去ろうとする牛若に、主人は「東路の餞《はなむけ》に」と牛若に刀を返すのであった。

鏡の里に伝わる 牛若丸元服の物語

能『烏帽子折』の主たるご当地となる鏡宿は、野洲《やす》市出町から竜王町鏡にかけての東山道沿いに設けられていた。

野洲市から竜王町に入ったあたりから、古代中世の東山道と近世の中山道、そして現在の国道八号とがほぼ重なり合いながら北東に向かって走っている。東山道をはさんで右手方向には鏡山（59ページ参照）の秀麗な山容。左手の御《み》幸山《ゆきやま》の麓には「元服之池」と彫られた烏帽子の形をした石碑が立つ。ここから鏡口までの一キロほどの東山道周辺が、鏡宿の中心である。江戸時代の中山道の「本陣跡」や数々の旅籠跡の立て札に混じって、義経ゆかりの「元服池」「烏帽子掛けの松」「宿泊の館跡」「烏帽子屋五郎太夫屋敷跡」の標識が見える。

ご当地の鏡の里には、牛若の元服について、細やかな内容の伝説がある。

義経が元服の時に前髪を落としたという池とその碑

義経が鏡神社参拝の折に烏帽子を架けたとされる松

承安四年（一一七四）三月三日、牛若丸は金売（三條）吉次らと鏡宿の白木屋に投宿する。白木屋の主は宿駅の長で、澤弥伝《さわやでん》と称する。牛若丸は鏡宿で元服しようと考え、宿内にある烏帽子屋の五郎太夫に烏帽子を折ってもらう。加冠《かかん》の式を行うおりには、池（現・元服池）の清浄な水を用いて、前髪を落《らく》飾《しょく》した。牛若丸はこの時、一六歳。一人きりの元服であった。元服後に自ら「源九郎義経」と名乗り、鏡神社（59ページ参照）に参拝して源氏の再興などを祈願した。現在、鏡神社の参道には義経が参拝のおりに、烏帽子を掛けたとされる松の株が残る。また加冠の時に使用した盥《たらい》の底板が保存されている。もとは澤弥伝の家が代々家宝として伝えられていたものである。

阿古屋の存在からの憶測

能『烏帽子折』に登場する烏帽子屋の妻、鎌田兵衛正清の妹の阿古屋の前の存在からは、平安末期から鎌倉時代にかけての鏡宿の女性芸能者の存在をしのぶことが出来る。『平治物語』の「四部合戦《しぶかっせん》状本《じょうほん》」には「鎌田兵衛政清を頼みとしている鏡宿の遊女の千鶴の娘の千手」と、鎌田と鏡宿の遊女との関係を伺わせる記述がある。

また阿古屋の前の「あこ」という名称は、遊女や芸能者の名前などにしばしば見受けられる。鏡にも「あこ丸」（61ページ参照）という有名な傀儡子《くぐつ》がいた。彼女たちの中には語り芸を得意とする者もいたらしい。鏡宿にたむろする女性芸能者の語る当地の牛若丸伝説が、能『烏帽子折』の下地として生かされているのかもしれない。

『義経記』では鏡宿が盗賊退治の舞台

さて『烏帽子折』の舞台は、後場へ。東山道の美濃国（岐阜県）赤坂宿である。吉次たちは常宿に投宿する。そこでは、吉次たちの宝の荷をねらって盗賊の熊坂長範の一党が、夜討ちをかけようとしていることがわかる。牛若は「長年にわたって鞍馬山で習得した兵法の術を、今こそ発揮しよう」と待ち構える。熊坂の下手の先駆けが松明を持ってやって来るが、牛若は難なくいなした。続いて熊坂が大勢の家来を引き連れて攻め込んで来る。熊坂は大太刀を使っての秘術を尽くして戦うが、牛若の小太刀に斬りたてられる。大太刀を投げ捨てて大手を広げて飛び掛かる熊坂だが、牛若に斬られて真二つとなって落命する。

義経が泊まったとされる白木屋の跡

　能『烏帽子折』の後場の舞台は近江ではない。ところが『義経記』では、遮那王《しゃなおう》（義経の幼名）が盗賊を退治した場所は鏡宿となっている。ただし『義経記』における遮那王の元服は、尾張国（愛知県）の熱田神宮の大宮司によって行われる。義経の登場する芸能の原典となる『義経記』だが、能『烏帽子折』では、鏡宿の牛若元服説の方を選んだのである。

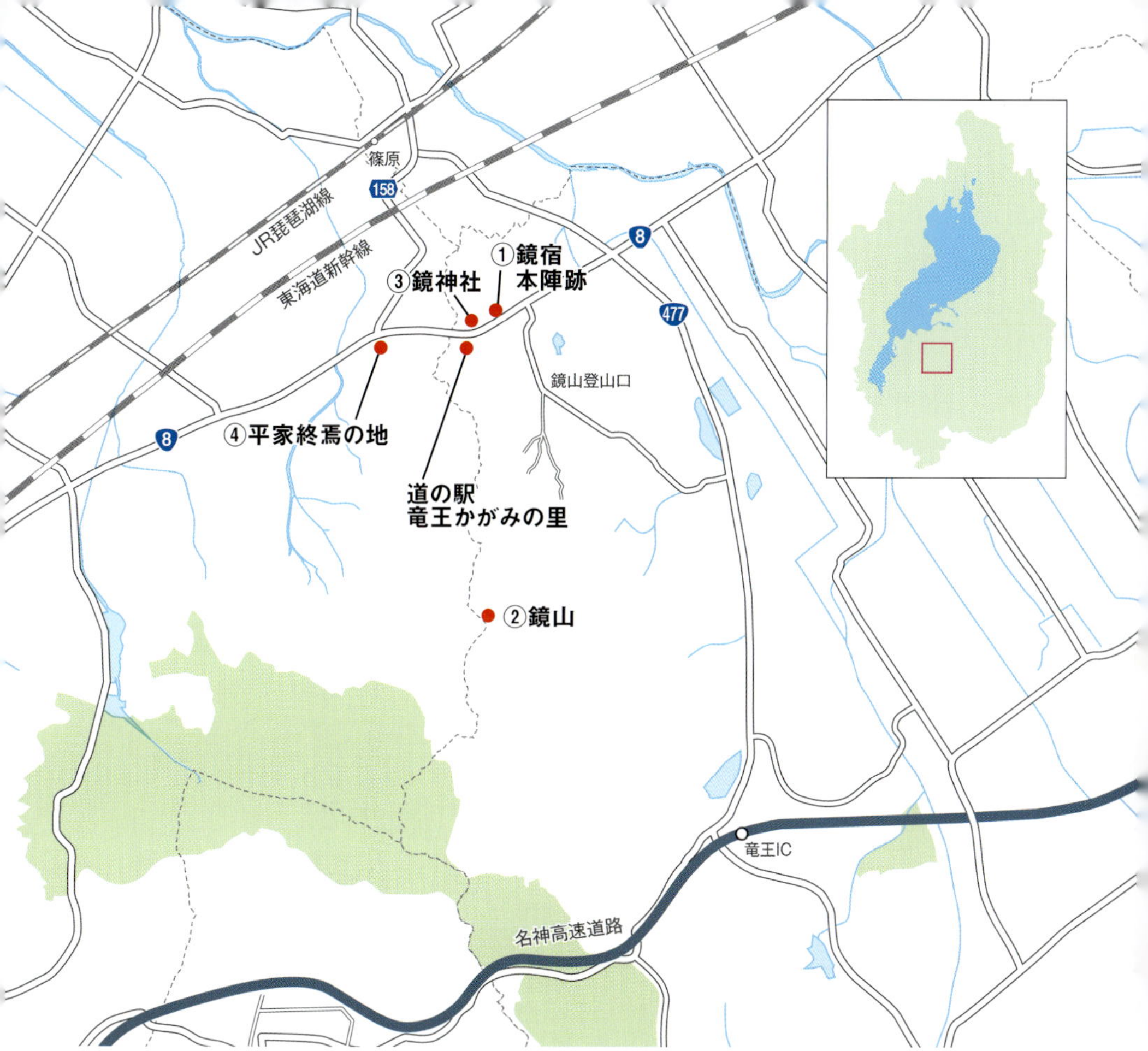

ご当地案内

烏帽子折

①鏡宿▼平安末期から室町時代にかけて繁栄したが、江戸時代には守山宿と武佐宿《むさ》が中山道の宿駅に定められ、間《あい》の宿となった鏡は衰退していったその一方で本陣や脇本陣は置かれており、皇族らの休息の場ともなっていた。

②鏡山▼竜王町と野洲市の境に位置する。古今和歌集など多くの歌に詠まれた近江名山の一つ。山麓一帯には、古墳時代後期からの須恵器の窯跡が多数確認されており、須恵器の一大生産地であったことが伺える。

③鏡神社▼主祭神は新羅国《しらぎこく》の王子・天日槍《あめのひぼこ》。『日本書紀』には天日槍がこの地で陶士を見つけて、従人らにより製陶技術を伝えたと記されている。源義経ゆかりの神社ともされ、毎年一二月には義経をしのび「とがらい祭り」が行われる。

▼ＪＲ琵琶湖線野洲駅下車、バス10分、道の駅竜王かがみの里／名神高速道路竜王ＩＣから10分。

④平家終焉の地▼壇ノ浦の合戦後、生き残った平宗盛父子は義経に連行されて鎌倉に向かう（義経は腰越で都に引き返される）。宗盛父子は詮議の後、都に送還される。その途上、頼朝の命を受けた義経の臣下によって、篠原（野洲市大篠原）の地で斬首。二人の胴体はこの地に埋葬（現・宗盛塚）された。塚の前の池は「首洗い池」「蛙なかずの池」と呼ばれている。

column

中世・近江の芸能――その①

中世の流行歌
名をはせた鏡の歌手

平安末期から鎌倉時代にかけての時代は、政権が貴族から武士へと移行する転換の世である。この時代は旧来の貴族的な芸能に対して、民衆の中から蠢《うごめ》くように誕生した雑芸《ぞうげい》の時代でもあった。儀式性や宗教性といった芸能の役割からしだいに離れて、人々を楽しませる娯楽性の強い芸能が育っていったのである。

たとえば当時、大流行した今様という歌謡は、宗教の教義の内容を含有しつつ、その一方で民衆の風俗や心情を赤裸々に歌い込む闊達な流行歌《はやりうた》であった。七五調四句という基本形をもちながら、言葉を自在に連ねて「数える」ような特徴などもそなえていた。

近江のご当地ソングの今様には「これより東は何とかや　関山　関寺　大津の　三井の颪《おろし》　いまおろし　石田殿　粟津　石山　国分や　瀬田の橋　千の松原　竹生島」「近江にをかしき歌枕　老曾　轟　蒲生野　布施の池安吉の橋　伊香具野　余呉の湖の　滋賀の浦に　新羅が建てたりし持念堂の金の柱」と名所が羅列されている。

さらさらとしたメロディー本位で歌うだけでは面白くなく、語尾に抑揚をつけたり、合いの手を打つなどして歌ったと思われる。

今様は庶民だけでなく、皇族や貴族の間でも歌われた。中でも今様をこよなく愛したのが後白河法皇である。権力の移行期を巧妙に泳ぐ法皇は、変化する芸能も自在に受け入れた。法皇の御所の法住寺殿には、今様の名手である遊女《あそびめ》や傀儡子《くぐつ》（女性の傀儡子）などの芸能者が召されていた。遊女と傀儡子は、今様や朗詠《ろうえい》などのさまざまな郢曲《えいきょく》を巧みに歌うシンガーでもある。

遊女と傀儡子は人々が集う場所を根拠地としながら、必要に応じて他所へと漂泊する遊行の者だ。湖上と陸路の交通の要所であった近江には、多数の遊女や傀儡子がいたと思われる。たとえば米原市にあった湊の朝妻《あさづま》は、大阪の江口や神崎と並ぶ水辺の遊女の一大拠点であった。

湊の遊女に対して、傀儡子は街道の宿、あるいは宿近くの山中にいることが多かった。『烏帽子折』に記した「あこ丸」（57ページ参照）とは、後白河法皇が編んだ『梁塵秘抄口伝集《りょうじんひしょうくでんしゅう》』に登場する「鏡の山のあこ丸」をさし、法皇が認めた今様の名手の傀儡子の一人だった。鴨長明の『無名抄《むみょうしょう》』には「鏡宿の傀儡子が都に来て、源俊頼《みなもとのとしより》が詠んだ歌を謡い奏でた。それを聞いた俊頼が悦んだ」と書かれている。院政期を代表する歌人が喜ぶくらいに、鏡宿には選り抜きの傀儡子がいたのである。

三井寺

みいでら

三井寺
——月と鐘と母の愛

作者　不明

曲柄　四番目物・狂女物・大小物

登場人物
前・後シテ……千満丸の母
子方……千満丸
ワキ……三井寺の住僧
ワキツレ……三井寺の従僧
アイ……清水寺門前の者
アイ……三井寺門前の能力《のうりき》

あらすじ

清水寺《せいすいじ》（清水寺《きよみずでら》）にて、千満丸の母が「行方不明のわが子と再会出来るように」と祈願していると、夢のお告げを受ける。門前の者がその夢を占い「三井寺に行くように」と勧める。

三井寺（園城寺）の住僧らが月見をしているところへ、女物狂《おんなものぐるい》となった千満丸の母がやって来る。母は三井寺の鐘にまつわる故事などを話して、鐘を撞く。寺にいた稚児が郷里を尋ねると「清見《きよみ》が関の者」と答えるので、二人は母と子とわかる。再会を喜び、母子は連れ立って故郷へと帰って行く。

観音さまのお導き、近江へ

能『三井寺』の物語の縦糸は、母が行方不明になっているわが子の千満丸を探す顛末《てんまつ》。舞台は囃子の演奏もなくはじまり、物思いに沈んだ母が数珠《じゅず》を手に静かに登場する。場所は、京都の清水寺。西国三十三所の観音霊場の第十六番の札所である。

清水寺には親子の恩愛が叶う伝承が多く、『三井寺』の母もまた、

三井寺の観音堂内

鬱蒼とした木立の中にある志賀の山越え

小関越の道標「右小関越」と見える。隣には堅田への案内も立つ

子を慈しむ霊験あらたかな清水寺の観音にすがったのであろう。夜ごと参籠し「大慈大悲にあふれる観音さま、行方知れずの愛しいわが子は、まだ若木のような幼子、再び会えないはずはないでしょう」と悲痛な想いを念じる。すると仮寝のさなか「わが子に会いたいのなら、三井寺へ参れ」との霊夢を得る。母はお告げのままに近江の三井寺へと急ぐのであった。

遠回りの「志賀の山越え」

清水寺と三井寺を結ぶ最短の道は、清水寺の東方より山科へ向かう渋谷《しるたに》越えを経て、逢坂山(8ページ参照)の北を抜ける小関越えから、三井寺の観音堂をめざすコースだ。小関越えと東海道の分岐点には「三井寺観音道」「小関越」と刻まれた道標が立つ。三井寺は西国三十三所の第十四番の札所で、この道程は観音霊場の巡礼の道筋でもあった。

ところが母が歩いたのは、志賀の山越え(70ページ参照)。清水寺から北へおよそ六キロ、北白川から山中を経て近江へ至る道である。なぜ遠回りとなる道程を選んだのか。背景には、関所のトラブルがあったからかもしれない。南北朝期はじめ、逢坂の関は山科の四宮河原、松坂峠の関とともに三井寺が安堵しており、関銭を徴収していた。ところが貞治六年(一三六七)に関銭をめぐって南禅寺と抗争が起こったとされ、三ヶ所の関は幕府によって停止された。抗争は七〇年あまり続いていたようであるが、もしこの期間に『三井寺』が創作されたのなら、山科から大津に入る道は避けられたであろう。

能『三井寺』では橋掛りに笹を

三井寺のすぐそばを流れる琵琶湖疏水

二つあった唐崎松の片方は枯死し切除された。大津市唐崎の唐崎神社内にある

手にした母が現われ、三井寺に至るまでの道程となる。志賀の山越えを過ぎると、眺めのかなたに鳰《にお》の海が開けて、霊鷲山《りょうじゅせん》にたとえられる比叡山（94ページ参照）が望め、母は「何とありがたいこと」と手を合わせる。辛崎《からさき》の一つ松が見えると「松の緑がみどり子に通じるのならば、松風にわが子の行方を尋ねよう」と謡う。辛崎の一つ松とは唐崎神社の「唐崎の松」のことである。唐崎から南へ、近《おう》江大津宮《みのおおつのみや》（72ページ参照）をしのばせる花園の一帯を通り過ぎて、やっと長等山《ながらやま》に開けた三井寺にたどりつく。

心狂わす、三井寺の月

母子の再会を縦糸とするのなら、『三井寺』のドラマの横糸は月と鐘である。

今宵は八月一五日の中秋の名月。

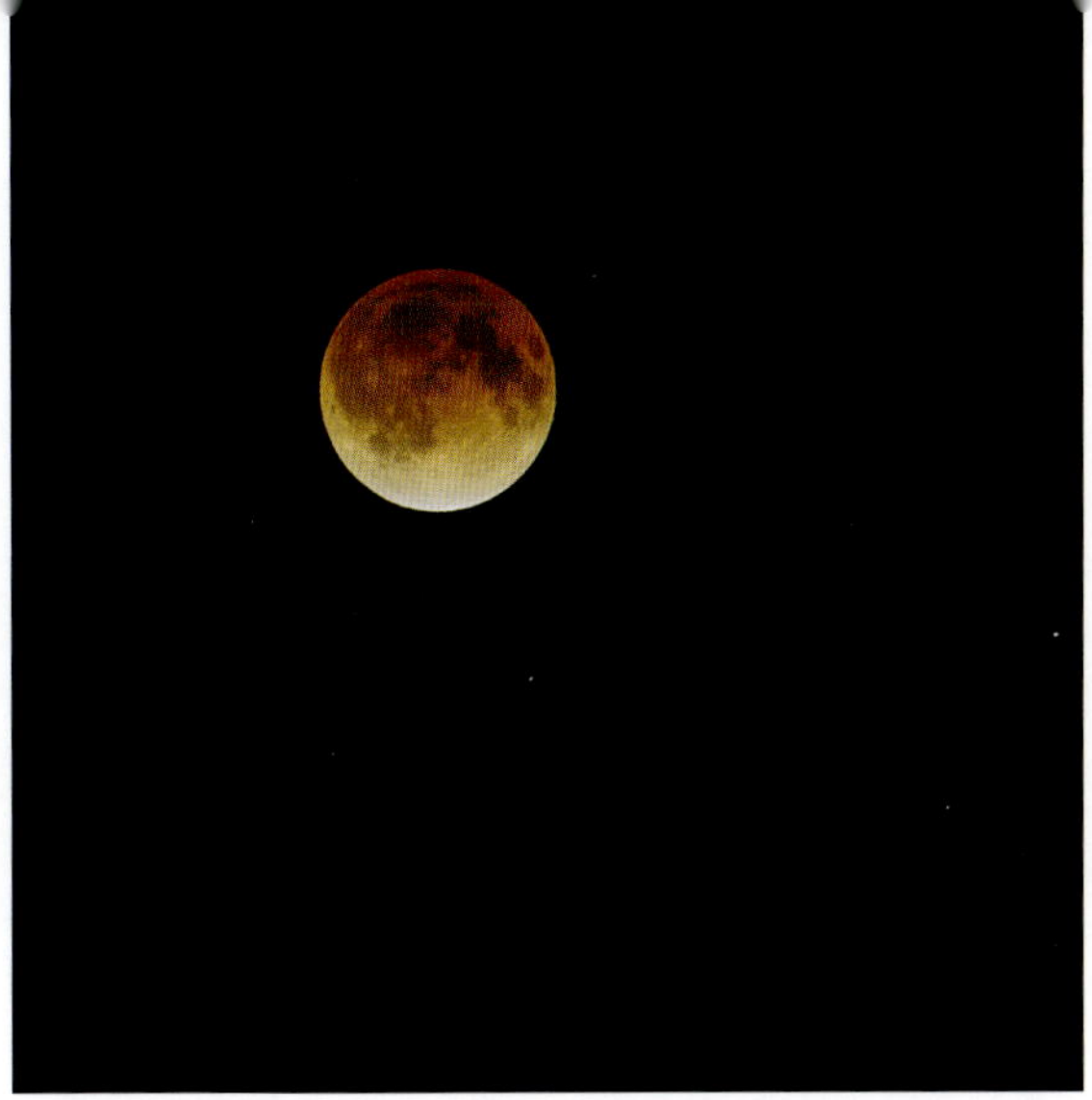

三井寺の住僧は、自分を頼りとする稚児を伴い、講堂の前庭で月見をしている。今宵の名月は、ことのほか冴え冴えとして趣き深い。

寺の能力が月見の余興を演じていると、女物狂がやって来た。千満丸の母である。子供を見失い心乱れた母は、前庭から見える風光を讃えながら舞う。謡われている詞章の内容は、現在の三井寺の観月舞台から望む湖南地域の景色と重なる。

「月は山の上にある。風は時雨のような音をたてて湖に吹いている。手前の方に見えるのは粟津（34ページ参照）の森、湖を隔てた彼方には微かだが、月光に照らされた鏡山（59ページ参照）が見える。山田や矢橋（28・44ページ参照）の渡し場の船は、夜は渡す人もいないのだが、月に誘われて自ら漕ぎ出すことだろう。船人も月をこがれて船を出すだろう」。

煌々《こうこう》たる月に照らされて、銀波に揺れる琵琶湖。舞台に展開する美しい月の景色は、観客の感情をも昇華する魔力を持っている。

鐘の音が縁となる母子の再会

能力が後夜《ごや》（午前四時ごろ）の鐘を撞く。そのすばらしい鐘の音を耳にして、母は「この鐘は秀郷《ひでさと》という人が、龍宮から持ち帰った鐘」と思い出し「龍女が成仏した縁にあやかって、私も鐘を撞くべきだ」と言い出し、住僧との問答となる。

やがて母は鐘の徳を語り出す。初夜（午後八時ごろ）、後夜、晨《じん》朝《ぢょう》（明け方）、入相《いりあい》（日暮れ）に撞く鐘の響きは、それぞれに『涅槃《ねはん》経《きょう》』にある四句の偈《げ》「諸行無常、是生滅法《ぜしょうめっぽう》、生滅滅已《しょうめつめつい》、寂滅為《じゃくめつい》楽《らく》」と響くと言う。鐘の音は煩悩

琵琶湖岸の大津市街を望む。眼下には左手に観音堂、正面に百体観音堂と観月舞台が見える

の夢を覚まし、仏法を静かに教えてくれると。

舞台には、三井寺の鐘を表わす美しいミニチュアの鐘の作り物が置かれていて、母は紐を取って鐘を鳴らす。一曲のクライマックス「鐘ノ段」である。「憂き世の迷いも尽きた。五障《ごしょう》の迷いの雲が晴れて、真理の月の光を眺めて夜を明かそう」と母の心は澄みわたる。さらに、いくつもの和歌や漢詩を引き、鐘の名所を上げるなど詩情豊かに謡い舞う。

母が舞い終えると、稚児が住僧に「この狂女の郷里を尋ねてほしい」と頼む。母は「私は駿河国（静岡県）の清見が関の者。そういうあなたは、わが子の千満」と驚く。千満丸は人商人《ひとあきびと》の手に渡り、三井寺の稚児となっていたのである。

母と子は三井寺の鐘の縁によって再会を果たし、二人は寄り添っ

弁慶鐘（弁慶引摺鐘）。手前は「近江名所図会」にも描かれた弁慶の汁鍋

て故郷に帰った。その後、親子の契りは尽きることなく、千満丸の母に対する威徳によって富貴の家になったという。

三井寺の鐘の伝承

能『三井寺』に描かれている鐘は、現在、霊鐘堂に安置されている「弁慶引摺鐘《ひきずりがね》」をさしている。謡に「〽この鐘は秀郷とやらん……」とあるように、承平年間（九三一～九三八）俵藤《たわらのとう》太《た》秀郷《ひでさと》が三上山の百足《むかで》を退治した謝礼に、琵琶湖の龍神より授かった秘蔵の鐘であり、やがて三井寺に寄進されたものだと伝えられている。弁慶引摺鐘という名称は、比叡山延暦寺と三井寺が抗争していた時代、延暦寺の武蔵坊弁慶が三井寺の鐘を奪って比叡山に引き摺り上げて撞いてみたが、鐘は「イノーイノー（帰ろう帰ろう）」と響いたので、弁慶

鐘楼（三井晩鐘）。中に梵鐘が釣ってあるのが見える

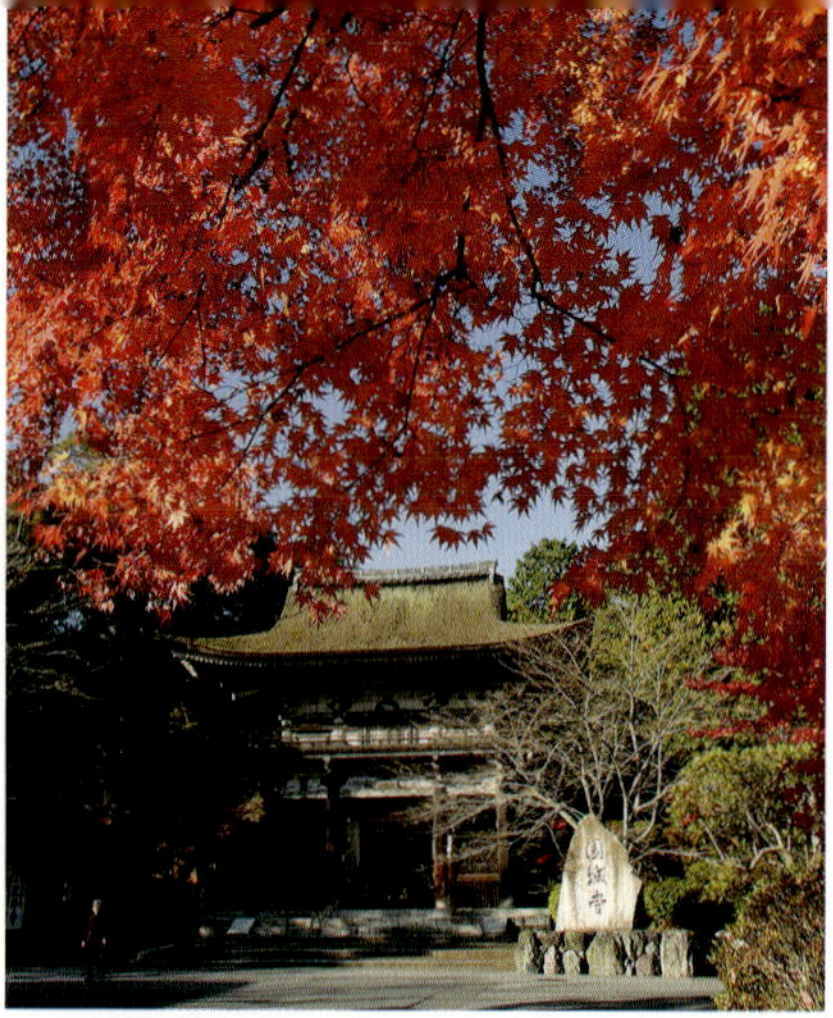

三井寺中院の表門大門（仁王門）。別名の通り両脇には仁王像が守護している

が怒って鐘を谷底へ投げ落としたとする伝承に由来している。

　現在、近江八景の一つ「三井晩鐘」（113ページ参照）として撞かれているのは、慶長七年（一六〇二）に弁慶引摺鐘を模して鋳造された梵鐘。この鐘には「地上に残したわが子に両の目玉を与えた龍宮の姫が、三井寺の鐘を聞くことで夫と子供の安否を確かめた」という伝説がある。

　能『三井寺』のアイの能力の詞章で「背《せい》東大寺、成《じょう》平等院、声園城寺」としている「天下の三銘鐘」は、現在では「姿の平等院、由緒の神護寺、音の三井寺」とされる。暮れゆく刻、今日もまた三井寺の鐘は撞かれて、天下一の音色が大津の町に響き渡る。

column

番外曲

泣不動《なきふどう》

　三井寺の密教美術の中できわめて多くを占めるのが、国宝の黄金不動明王画像をはじめとする不動明王像の数々。

　能『泣不動』は三井寺の不動明王像にまつわる曲。重病に陥った三井寺の常住院の智興《ちきょう》を救うために、弟子の証空《しょうくう》が信仰する不動明王の画像に「私が身代わりになるので師を助けたまえ」と祈り、その願いは叶う。病の床に臥す証空の夢に不動明王が現われ、証空を哀れんで涙を流し、証空の身代わりになる。癒えた証空が画像を見ると、不動明王の目元には涙の跡が残っていた（後場省略）。

　能『泣不動』の資材となっているのは『泣不動縁起』の絵巻と泣不動尊画像。共に三井寺から京都の清浄華院に寄進されたと伝える。

ご当地案内

三井寺

①三井寺▼長等山の東麓から中腹にかけて、広大な寺域を誇る。天武一五年（六八六）に天智、弘文（大友皇子）、天武の三人の天皇の勅願寺としてはじまった。三井寺の正式名は、長等山園城寺《おんじょうじ》。園城寺の名は弘文天皇の皇子・大友村主《すぐり》与多王《よたおう》が荘園城邑《じょうゆう》を投じて寺を建立し、天武天皇より「園城」の勅額を賜ったことに由来するという。三井寺の通称は、この地に天智、天武、持統の三人の天皇の産湯に用いられた霊泉「閼伽井《あかい》」があるところから「御井《みい》の寺」と呼ばれ、やがて智証《ちしょう》大師《だいし》円珍《えんちん》がこの霊泉を三部灌頂《かんじょう》の儀式の法水に使ったことに由来すると伝える。

三人の天皇の産湯に使われた三井寺の閼伽井

貞観元年（八五九）、円珍は三井寺を天台別院とした。円珍没後、三井寺は天台寺門宗の総本山となり、天台密教の根本道場あるいは観音霊場として栄え、延暦寺、東大寺、興福寺とともに本朝四箇大寺の一つに数えられるようになった。

▼京阪電鉄石山坂本線三井寺駅から徒歩7分／名神高速道路大津ICから10分

②琵琶湖疏水▼琵琶湖の水を京都に供給し続けている運河。明治二三年（一八九〇）に完成した。観音寺の取水口から三井寺の観音堂下までの両岸には桜並木が続く。

③長等公園▼春は千本近い桜花に彩られる。琵琶湖を一望する展望台がある。

④大津市伝統芸能会館▼能楽堂。能狂言をはじめ邦楽や舞踊などの公演が催される。

▼京阪電鉄石山坂本線大津市役所前駅から徒歩5分／西大津バイパス皇子山ランプから5分

⑤大津市歴史博物館▼主に大津の文化財や資料を収集し公開。

▼京阪電鉄石山坂本線大津市役所前駅から徒歩5分／西大津バイパス皇子山ランプから7分

⑥唐崎神社▼琵琶湖畔に鎮座する日吉大社の摂社。近江八景「唐崎夜雨《やう》」、唐崎の松、みたらし祭りでも有名。

志賀《しが》

志賀の山越え——都と歌の通い道

作者 不明

曲柄 脇能物・男神物・太鼓物

登場人物
- 前シテ……木樵《きこり》の老人
- 後シテ……大伴黒主《おおとものくろぬし》の霊（志賀明神）
- ツレ……木樵の若者
- ワキ……臣下
- ワキツレ……従臣
- アイ……里人

あらすじ

帝の臣下が花見のために志賀の山越えにやって来た。そこに老人と若者の木樵が現われ、花の影に休む。臣下は、老人が薪に桜の枝を添えている訳を問う。老人は「歌に詠まれているとしか言いようがない」と答える。そして「花影で休むことを許してほしい」と言う。さらに歌の徳を讃えて「自分は黒主と呼ばれていたが、今は志賀の神と見なされている」と話し、志賀の宮へと消えて行く。

臣下たちが花影で寛いでいると、神楽《かぐら》の舞歌が聞こえ、志賀の神となった大伴黒主の霊が現われて、当今の世を祝い神楽の舞を舞う。

「志賀の山越え」はどこに

能『志賀』のご当地は、志賀の山越え（75ページ参照）。志賀の山越えは、古代中世における近江の注目すべき道路だ。京の都と近江をつなぐ最短の道である上に、平安京の人々が崇拝してやまなかった崇福寺《すうふくじ》への参詣の道でもあった。壮大な伽藍を誇っていた崇福寺とは、天智天皇七年（六六八）に天智天皇が建立した近江大津宮《おおみのおおつのみや》を鎮護する勅願寺である。

重要な道であるにもかかわらず、この古道の在処が定まらない。

大まかに志賀の山越えとは、大津市の湖西地区と京都の北白川を結ぶ道である。長らく志賀の山越えと言えば、滋賀里の集落を貫く坂道を山手に向かって登り、志賀山の山道に入り込んで、志賀峠を越え、比叡山南麓の山中町を抜けて、京都の北白川、荒神口へとたどる道をさしてきた。この道は現在も「山中越え」の旧道として存在している。ところが能『志賀』が創作された中世の時代の志賀の山越えの経路は、いくつかの道筋が書き残されていてどうも判然としないのだ。

志賀の山越えに面して安置されている石造阿弥陀如来坐像

　たとえば鎌倉初期に書かれた顕《けん》昭《しょう》の『袖中抄《しゅうちゅうしょう》』には「志賀の山越とは、北白河の滝のかたはらよりのぼりて、如意のみねごえに志賀へ出る道也」とある。つまり比叡山の南麓ではなく如意ケ嶽《にょいがたけ》の稜線をたどって志賀に入る道だという。この道は如意ヶ嶽から長等山を越え、三井寺（69ページ参照）の裏手へと続く「如意越え」の道とも重なってしまう。

　中世の志賀の山越えの道程がはっきりとしないのには思い当たる要因がある。その一つは、院政期から中世末期にかけての比叡山延暦寺（94ページ参照）と三井寺の激しい対立。世に「山門寺門の抗争」と呼ばれるもので、僧兵による焼き討ちが繰り返されていた。志賀の山越えのそばにあった崇福寺も抗争に巻き込まれたため、志賀の山越えは物騒な道となる。崇福寺は室町時代に廃寺となり、参拝者で栄えた参道も荒廃してしまった。

　仮説ではあるが、近江と京を行き交う当時の人たちは、危険を避けて安全な道をおりおりに選び、志賀の山越えという名称を臨機応変に使っていたのではないだろうか。

歌の織りなす『志賀』の世界

　能『志賀』は「〽道ある御代《みよ》の花見月《はなみづき》」の謡ではじまる。歌道が隆盛を極めている年の四月、帝に仕える臣下たちが今を盛りと咲く志賀の山桜を見ようと、志賀の山路えをめざして急いでいる。

　臣下たちは「〽音羽山今朝越え来ればこれぞこの、名に負ふ志賀の山越えや、湖遠き眺めかな」と道行《みちゆき》を謡うのだが、直接志賀の山越えを利用せずに、わざわざ音羽山（8ページ参照）を越えてやって来たというのか。

　実は臣下たちの詞章は、紀友則《きのとものり》の歌「音羽山今朝越え来れば時鳥《ほととぎす》梢はるかに今ぞ鳴くなる」によっている。ここはともかく地理的な合理性よりも、本歌の風雅を採り入れた道を選んだとしたい。何よりも『志賀』は「歌」がテーマの曲である。詞章にも紀貫之《きのつらゆき》が『古今和歌集』「仮名序」に書いた言葉を多く引用して、和歌の道を示している。

近江大津宮の古代がほのかに香る

山越えの安全を見つめてきた志賀の大仏

　臣下らの前に現われた木樵の老人と若者の一セイ「〽楽浪《さざなみ》や、志賀の都の名を留めて、昔ながらの、山桜」も和歌によるもので、平忠《ただ》度《のり》の「さざ波や志賀の都は荒れにしを昔ながらの山桜かな」を本歌取りしている。「志賀の都」とは近江大津宮のことだ。近江大津宮は、天智天皇七年（六六七）に中大兄皇子（天智天皇）が飛鳥から遷した都である。五年間という短い期間の幻の都として、長らく所在地をめぐって論争が続き、昭和四九年（一九七四）に錦織《にしこおり》の集落の一角で、はじめて遺跡が発見された。その後、二〇年あまりの調査により中心的な遺構が次々と発掘。京阪電鉄石山坂本線の近江神宮前駅の西に広がる住宅密集地の中に、十地点にものぼる近江大津宮錦織遺跡が点在している。

　錦織の地は都を建設するにしては狭隘《きょうあい》で、飛鳥からも遠い。錦織への遷都の理由としてよく言われているのが、唐と新羅《しらぎ》の連合軍侵攻への対策だという説。天智天皇二年（六六三年）、日本は連合軍によって滅亡した百済《くだら》の復興のために援軍を送り、白村江《はくそんこう》の戦いで大敗していた。敵が侵入する海に面することなく、湖と山を間近に

崇福寺跡と伝える地。志賀の山越えは崇福寺の参拝でも栄えた

控えた錦織は、要塞としての都でもあったのか。

錦織を含む周辺部は、古墳時代より渡来人が居住していて先進的な文化が花開いていた地でもあった。渡来人の持つ律令制の思想や土木技術などは、新都造営の基盤となったであろう。特に百済系の渡来氏族である大友村主《おおとものすくり》をはじめ、錦部《にしきごり》村主、穴太《あのう》村主らの存在が、遷都に大きな影響をもたらしたとも言われている。

バックボーンに貫之の歌評

さて能『志賀』に戻ろう。木樵の老人と若者は花の木影に休んでいる。老人はいかにも重そうな薪を背負っている。しかも薪には花の枝が添えられていて、臣下は不思議に感じる。「花影で休むのは、風流心からか、薪が重いからか」と問うと、老人は「〝道の辺のたよりの桜折り添へて薪や重き春の山人〟と歌人が詠っている。それ以上に何と答えたらよいのでしょう」と大伴黒主の歌を上げた。さらに「黒主の歌のように賤しい山人が花影に休むのは分不相応かもしれないが、お許しください」と話す。

大伴黒主は平安時代の歌人であり、六歌仙の一人。能『志賀』は黒主の歌と、紀貫之による黒主の歌評を背景として展開する。貫之は『古今和歌集』「仮名序」で「大伴黒主はそのさまいやし。いはば薪を負へる山人の花の陰に休めるが如し」と評しているのだ。

志賀里の山手から春の景色を望む（撮影・著者）

ゆかりの地にまつられた黒主

大伴黒主は大友郷の人であり、出自を大友村主とする通説がある。かの渡来人の大友村主である。

鴨長明《かものちょうめい》は『無名抄』で「志賀の郡に大道より少し入りて山際に、黒主の明神と申す神います。是昔黒主が神になれるなり。今に大伴の黒主の宮ある」と記している。

大伴黒主をまつる黒主神社

元禄年間（一六八八～一七〇四）に成立した『淡海録』には「黒主は晩年、志賀山中に幽栖《ゆうせい》し、天暦七年（九五三）に没した。土地の人によって亡き地に霊をまつられ、承応三年（一六五四）に社を再興された」と記されている。

京阪電鉄石山坂本線の南滋賀駅から山手へ進むと、竹藪などの茂る山陰に大伴黒主をまつる黒主神社がひっそりと座している。現在の黒主神社は、昭和四八年（一九七三）に国道建設のために遷座された神社である。一間社《いっけんしゃ》流《ながれ》造りの小さな本殿。社殿には寄贈者が記され「大伴」の姓が数多く見受けられる。

能『志賀』の後場で木樵の老人は、志賀の神として出現する。花が月に照り映えている。袖に降りかかる花吹雪。湖越しに見えるのは鏡山（59ページ参照）で、黒主の歌とされる「鏡山いざ立ち寄りて見てゆかん年経ぬる身は老いやしぬると」をしのばせる。志賀の神の舞う神楽の舞は颯爽として厳粛。終曲の謡は「〽げに面白き奏でかな」である。

今、黒主神社の境内にたたずんで『志賀』の奏楽を思い起こそうと耳を澄ましてみる。しかし社《やしろ》に届くのは、西大津バイパスを疾走する車の走行音ばかりである。

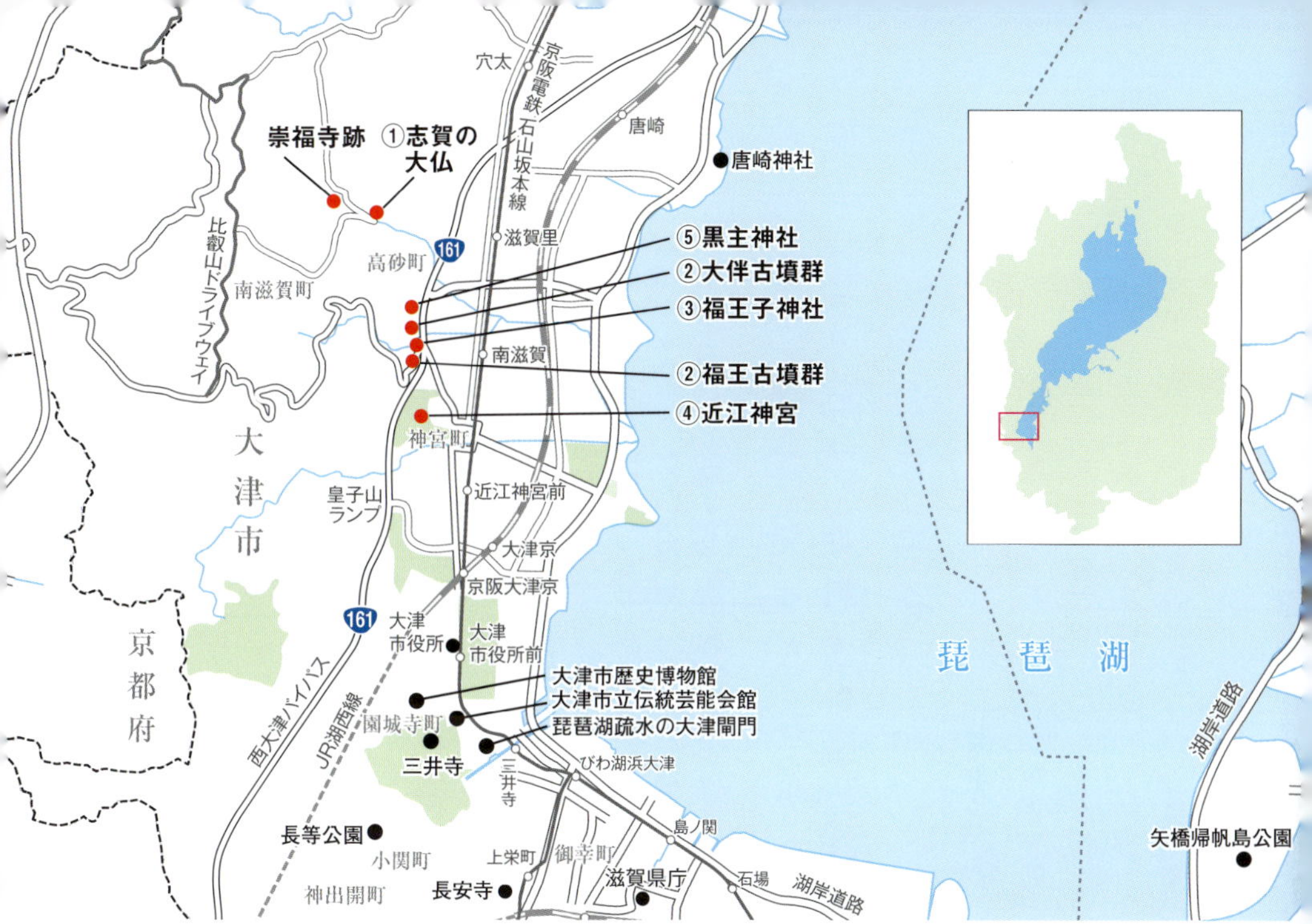

ご当地案内

志賀

①志賀の山越え▼京阪電鉄石山坂本線の滋賀里駅から集落を抜けて志賀山に入る。山中には往来の人々が安全を祈った「志賀の大《お》仏《ぼとけ》」、天智天皇の勅願により建てられた崇福寺跡と桓武天皇が天智天皇の追慕のために建立したとされる梵釈《ぼんしゃく》寺跡の史跡など、古代から中世にかけての遺跡の見どころが多い。滋賀里の集落や志賀峠からは『志賀』に登場する数々の歌枕が眺望できる。

②古墳群▼日吉大社から近江神宮にかけての山際の地域には、「穴太野添古墳群」や「皇子山古墳群」など千基を超える古墳が群集している。志賀の山越え沿いにある「百穴《ひゃっけつ》古墳群」、黒主神社のそばの「大伴古墳群」「福王子古墳群」は渡来人が築いた墓だと推測されている。

③福王子神社▼南志賀にある黒主神社と大川（際川）をはさんで鎮座する。祭神は紀貫之。比叡山の裳立山に没した貫之を、村人が歌神としてまつったと伝える。▼京阪電鉄石山坂本線南志賀駅から徒歩11分／名神高速道路京都東ＩＣから西大津バイパス南志賀ランプすぐ。

④近江神宮▼昭和一五年（一九四〇）に天智天皇を主祭神として、近江大津宮ゆかりの地に創建された。天智天皇がはじめて近江大津宮で漏刻《ろうこく》（水時計）を使ったところから、境内に時計博物館がある。▼京阪電鉄石山坂本線近江神宮前駅から徒歩10分／名神高速道路京都東ＩＣから西大津バイパス近江神宮ランプすぐ。

⑤黒主神社▼祭神は大伴黒主。『近江輿地志略』には大伴明神社と記されている。山麓の石垣上に建つ。

紀貫之を祭神とする福王寺神社

雷電《らいでん》

延暦寺東塔《とうどう》——道真、師を訪ねる

作者 不明
曲柄 五番目物・鬼物・太鼓物
登場人物
前シテ……菅丞相《かんしょうじょう》の霊
後シテ……菅丞相の雷神
ワキ……法性坊律師僧正《ほっしょうぼうりっしそうじょう》
アイ……能力《のうりき》

あらすじ

比叡山延暦寺の座主《ざす》・法性坊律師僧正のもとに、大宰府に左遷され憤死したはずの菅丞相が訪ねて来た。菅丞相は「雷となった身で内裏に入り、自分を陥れた公卿たちを蹴殺すつもりだ」と言う。そして「僧正に内裏からお召しがあっても、参内しないでほしい」と頼む。僧正が「勅使が三度重なったら行かざるをえない」と話すと、菅丞相は石榴《ざくろ》を噛み砕いて火焔をおこし、煙の中に失せた。

宮中にて僧正が祈念していると、雷神と化した菅丞相が現われて暴挙に出るが、帝から「天満大自在天神」の称号を賜わると、黒雲に乗って虚空に消える。

菅原道真のヒストリー

能『雷電』のシテは菅丞相、つまり菅原道真である。道真は承和一二年（八四五）に、学者の家柄の菅原是善《これよし》の子として生まれた。幼年よりの秀才で、三十代前半には文章《もんじょ》博士となり、官位としては権《ごん》大納言《だいなごん》となった。宇多天皇の信頼も篤くて、五五歳で正三位右大臣

改修前の根本中堂

比叡山から望む琵琶湖

にまで上りつめる。対する左大臣のポストには、名門の藤原時平《ときひら》がついている。道真の出世に反感を抱く時平は大納言 源 光《みなもとのひかる》と結託し「道真は政権を掌握しようとする陰謀者」と醍醐天皇に讒言《ざんげん》した。昌泰四年（九〇一）、道真は大宰《だざいの》権 師《ごんのそつ》という一地方官として九州の大宰府に追いやられた。大宰府での道真の日常は惨めなもので、左遷後二年で亡くなっている。

　道真が没してからというもの、都では時平や源光らの不審な死、天変地異など不吉な出来事が続く。人々は「道真の祟りだ。道真は雷神となった」と恐れ、道真を天満天神としてまつるようになる。その後、道真と天神にまつわる「渡《とう》唐《と》天神」や「飛梅《とびうめ》天神」「石榴天神」など多くの伝説が生まれ、能や文楽、歌舞伎などにも取り上げられるようになる。能『雷電』は主に、鎌倉時代初期に制作された『北野天神絵巻』や南北朝時代成立の『太平記』などを参考にしてつくられたと思われる。

道真の母は余呉の天女

　能『雷電』では菅丞相の経歴を「〽幼《いとけな》かりしその昔は、父もなく母もなく」と自己紹介している。つまり菅丞相の実の両親は不明ということだ。

　近江には道真について不思議な生誕説がある。湖北の余呉（長浜市余呉町）に伝わる『羽衣伝説』で「菅原道真は天女の子」と語り継がれているのだ。

　余呉湖畔の村、川並の漁師・桐畑太夫は天女の羽衣を隠したことで、天女と夫婦になった。二人の間に男児が生まれたが、羽衣を見つけた天女は天国に帰って行った。母を失った男児を憐れんだ菅山寺《かんざんじ》

古刹・菅山寺（長浜市余呉町）

の尊元阿闍梨《そんげんあじゃり》は、寺に男児を預かり養育した。その後、男児は菅原是善の養子となる。この子が後の菅原道真だという伝承である。

　大箕山《だいきさん》の山中に建つ菅山寺は、天平宝字八年（七六四）の創建で「余呉三山」の一つに数えられる古刹。寛平元年（八八九）、宇多天皇の勅使として入山した菅原道真が伽藍を再興したところから、寺名を菅山寺と改めたと伝わる。

謡による延暦寺の名ガイド

　謡には物事のエッセンスを端的にまとめた名文がたくさんある。舞台となる場所のガイドもうまい。

　『雷電』もそうで「へげにや恵みもあらたなる、影も日吉の年古《ふ》りて、誓ひぞ深き湖の、さざ波寄する汀の月。名にし負う、比叡の御嶽の秋なれや、月は隈なき名所の都の富士と三上山。法《のり》の燈火おのづから、影明らけき恵みこそ、人を漏らさぬ誓ひなれ」と比叡山延暦寺（94ページ参照）を案内する。百五十字にも満たない詞章から、どんな延暦寺の姿が表現されているのかを推し測ってみよう。

　比叡山延暦寺はまことに仏の恵みが際立っている。まるで日の光のようだ。比叡山の光となり影となる山麓の日吉社《ひえのやしろ》（日吉大社／87・95ページ参照）は、日枝山《ひえのやま》をご神体とする古くからの神である。『古事記』には「大山咋命《おおやまくいのみこと》、またの名は山末の大主神、この神は近つ淡海国の日枝の山にます」と記されていて、この「日枝」が後の「比叡」と

日吉大社の山王鳥居

なったのだ。久遠《くおん》の時を経て、比叡山の地主神、天台宗の護法神ともなった日吉社の利益は、琵琶湖の水のように深い。

琵琶湖を眺めると、今まさに、さざ波の寄せる汀《みぎわ》に月が照りはじめたところだ。「月影は消えぬ氷と見えながらさざ波寄する志賀の浦波」という古歌が思い出される清澄な景色である。さすがに比叡山の秋の風光だけのことはある。都の人々が「都の富士」と呼んでいる比叡山も、近江の富士である三上山も、月の光は名所の数々を遍《あまね》く照らしている。

日の光、月の光と同様に、法の燈火もおのずから輝き、遍く世の中を照らす。延暦七年（七八八）、開祖の最澄《さいちょう》は比叡山に入り一乗《いちじょう》止観院《しかんいん》という草庵を結んで、自ら刻んだ薬師如来立像をまつり、永遠に続く仏の教えを願って灯明を供えた。この時、最澄は「明らけく後の仏の御世までも光りつたへよ法のともしび」と詠んだ。最澄にとって仏の光とは、法華経に基づいた「すべての人が仏に成れる」という天台の思想。末法の世が明けて、阿弥陀如来の世になるまで、一人の人をも洩らすことなく照らすという仏の誓いを、守り伝えるのが比叡山の法の燈火である。

鎮護国家の寺、比叡山延暦寺

延暦寺とは、比叡山にある千七百ヘクタールの境内地に点在する約百もの堂宇の総称。能『雷電』の舞台となっている場所は示されていないのだが、謡に「法の燈火」（不滅の法灯）と出ているところから、一乗止観院の後進である東塔（94ページ参照）の根本中堂《こんぽんちゅうどう》と推測したい。

『雷電』の舞台にまず登場するのは、延暦寺の第十三代座主法性坊尊意僧正。僧正は天下泰平の祈祷のため、百座の護摩を焚いていた。さらに、仁王般若経《にんのうはんにゃきょう》を読誦《どくじゅ》し鎮護国家を祈願する仁王会《にんのうえ》の準備に取り掛かる。するとそこに、筑紫国（福岡県）で憤死した菅丞相の亡霊が現われる。僧正と菅丞相は学問上の師弟の関係である。菅丞相は師への広大な恩を「一字千金」とたとえて心から感謝する。

まもなく菅丞相の様子は変化し「この世で望みが叶わなかった私は、死んでから梵天帝釈天《ぼんてんたいしゃくてん》の憐れみにより雷となった。これから内裏に飛び入って、私に辛くあたった公卿殿上人を蹴殺すのだ。その際、宮中から僧正にお召しがかかるだろうが、参内しないでほしい」と懇願する。僧正は「宣旨《せんじ》があっても二度までは参らない。しかし勅使の到来が三度に及んだら、王土に住む私としては参内しないわけにはいかない」と答える。

菅丞相の顔はにわかに鬼のように変わった。本尊の前に供えてあった石榴をつかむと、口の中に入れて噛み砕き、また取っては噛み砕く。そして妻戸《つまど》にグワッと吐きかけた（82ページ参照）。石榴はたちまち火焔となり、扉はバッと燃え上がる。僧正は少しも騒がず、洒《しゃ》水《すい》の印を結んで、大日如来に祈る呪文を唱える。すると火焔は消えてしまった。菅丞相は煙の内に隠れて消え失せた。

能の舞台に、実際の石榴が出てくるわけではない。「〽噛み砕き」の謡に菅丞相の足拍子、「〽妻戸にくわつと、吐きかけ」という表現は、目付柱《めつけばしら》に向かって扇をはねるだけである。観客はそこに、固い外皮が裂けて果肉ののぞく石榴を、さらに血のように飛び散る火焔と、真っ赤に燃える石榴を見るのである。大宰府で憤死した道

根本中堂で灯る不滅の法灯

真の怨念と、もっとも敬愛する師に裏切られたと思う道真の憤怒が、恐ろしくて悲しい。

菅原道真をめぐるご当地能

舞台は後場。内裏である。僧正は紫宸殿《ししんでん》にて数珠《じゅず》を揉んで法華《ほけ》経《きょう》 普門品《ふもんぼん》を唱えている。すると内裏は紅蓮《ぐれん》地獄の闇のようになり、雷鳴が轟《とどろ》く中、鳴神・雷神となった菅丞相が現われる。僧正は「この国土は帝の国である。昨日まで菅丞相は臣下であった。内に仏教、外に忠義を持たなければいけないのに、心がけが不足している」と嗜めるが、雷神の怒りは増すばかりで、内裏のあちらこちらで稲妻の電光がしきりに閃《ひらめ》く。ついには帝の身にも危険がおよびそうに見える。僧正が千手陀羅尼《せんじゅだらに》を読経すると、雷神は「真言秘密の法をくだされた。帝からは〝天満大自在天神〟の称号を賜った。生前の恨みはあったが、死後の悦びを得た」と言って、黒雲に乗って虚空に上っていった。

菅原道真は悲劇の人であり、死して天神という信仰の対象となった人物である。日本人に好まれる道真だが、宮中で狼藉《ろうぜき》を働き退治される能の『雷電』は、時代によっては人々の気持ちにそぐわない一面を持っていたのか。後の世に『雷電』を改めて、道真を貶めない『来殿』（宝生流）や『妻戸』（金剛流）が作られている。また近年、道真の人間性を見つめた復曲能『菅丞相』も上演されている。どの曲も前場は比叡山延暦寺。近江のご当地能である。

秋の文殊楼を石段下から見上げる

column

中世・近江の芸能──その②

近江の面打《めんうち》──「申楽談儀」より

南北朝から室町時代の近江には、赤鶴《しゃくづる》と愛智《えち》という面打の名人がいた(127ページ参照)。世阿弥は『申楽談儀』において、赤鶴を「鬼の面の名工」、愛智を「女面のすぐれた面打」と評している。

『申楽談儀』には能『雷電』(79ページ参照)のもとであったと思われる『天神の能』(番外曲『菅丞相』と同じとも)に使用される面についても語られている。飛出《とびで》は「管丞相の柘榴《ざくろ》くわつと吐き給へる所を打つ」と。つまり、管丞相が柘榴をかっと吐き出した形相をとらえた顔つきを打った面なのだという。また赤鶴作の天神《てんじん》について「天神の面、天神の能に着しよりの名なり」という。天神は『天神の能』に用いたことで、能面の名前になったとしているのだ。

天神と共に赤鶴の大癋見《おおべしみ》は、観阿弥の時代より観世座に伝わり、この大癋見を他国では「大和癋見」と呼んでいたという。また赤鶴の小癋見《こべしみ》は、世阿弥がつけて演じた面で、『鵜飼』の初演がこの面だという。この面をつけて演じられる者は「世阿弥以外にいない」としている。

一方の愛智の一派が制作したいくつかの面に関して「まずこれらの面は近江猿楽(121ページ参照)に贈られた。その後、日吉座の岩童《いわとう》は、この面は大和猿楽の名人こそが用いるべきだと、世阿弥に譲った。現在、宝生大夫が所蔵している女面と細づくりの尉面は、この時の面である。この尉面はいくたびか『源《げん》三位《ざんみ》』(現行曲『頼政』)に、色彩の上、用いられた」とする。また「観世座の少し年かさのいった女面は愛智のものだ。この面を世阿弥は女能に好んでつけた」という。

column

中世・近江の芸能――その③

延年の中心地、近江――「風姿花伝」より

鎌倉期の代表的な寺社芸能は「延年」である。

平安中期から室町期にかけて、延年と呼ばれる遊宴芸能が都や南都などの大寺院において催された。延年は法会の後や、寺内の任官儀礼、天皇や貴族の来訪に際して、饗応儀式として演じられ、寺の繁栄や千秋万歳を寿いだ。

延年を演じる主体となったのは、衆徒《しゅと》や大《だい》衆《しゅう》などの下級の僧侶であり、衆徒の力の強い延暦寺（94ページ参照）や三井寺（69ページ参照）のある近江は、延年の中心地であった。

延年という言葉は、一つの芸能の名前ではない。一種の芸能大会の名称であり、衆徒による「開口」や「答弁」などの滑稽な詞の芸、稚児による白拍子《しらびょうし》（103ページ参照）や乱拍子の歌舞のほか、舞楽や今様（60ページ参照）、猿楽（能）、田楽、風流《ふりゅう》（49ページ参照）など当時の芸能を尽くして演じられた。

応永二五年（一四一八）の奥書のある『風姿花伝』の序の書き出しは「それ、申楽延年のことわざ、その源を尋ぬるに、あるいは仏在所より起き、あるいは神代より伝はると云えども……」と、猿楽を「申楽延年」と表現している。猿楽と延年の言葉のつながりの根拠は不明であるものの、千秋万歳を寿《ことほ》ぐ猿楽の特性が表されている。

さらに『風姿花伝』は、秦河勝《はたのこうかつ》が申楽延年を演じていたといい「河勝の遠孫この芸を相ひ継ぎて、春日・日吉の神職たり。よって、和州・江州の輩《ともがら》、両社の神事に従ふこと、いまに盛んなり」と、日吉社と申楽延年の関係を示唆している。

善界《ぜがい》（是界・是我意）

作者 竹田法印定盛

曲柄 五番目物・天狗物・太鼓物

登場人物
前・後シテ……善界坊
ツレ……………太郎坊
ワキ……………比叡山飯室《いむろ》の僧正
ワキツレ………従僧
アイ……………能力《のうりき》

あらすじ

唐の天狗の善界坊が日本に渡り、仏法を妨げるようと企てる。まず愛宕山《あたごやま》に降り立ち、天狗の太郎坊を訪ねる。太郎坊は「比叡山は日本の天台山だ」と教え、二人は不動明王の利益など優れた仏法について語り合う。

比叡山延暦寺では、善界坊に対する勅諚《ちょくじょう》があり、僧正が参内のために下山。山麓につくと、善界坊が現われる。僧正が不動明王の誓いの偈《げ》を唱えると、不動明王をはじめ山王権現《さんのうごんげん》などの神々が出現。善界坊は力尽き「仏力と神力には抗えない」と言い残して退散する。

延暦寺横《よ》川《かわ》
——天狗の通い道

仏教界に出没する中世の天狗たち

天狗といえば赤ら顔に高い鼻、あるいは鳥のくちばしのような口を持つ異様な顔つきが思い出される。手に羽団扇を持ち、背中の翼を翻して飛翔し、人々に禍福《かふく》を授ける伝説上の生き物というのが、現在の天狗のイメージだろう。

平安時代から中世の時代の天狗は、仏教と深く関わって登場する。『今昔物語集』などの書物や『天

太郎坊天狗ゆかりの太郎坊宮（阿賀神社）の夫婦岩（東近江市小脇町）

狗草紙』などの絵巻物に現われる天狗の多くが、当時の支配的な思想であった天台や真言の教えの流布を妨げる存在として描かれている。超能力や策略によって宗教界を霍乱《かくらん》する天狗であるが、仏法僧の法力などにより蹴散らされ、見るも無残な姿となってしまう。それは仏教の正当性を示す筋書きであり、天狗は悪役を担わされているようでもある。また、体制の反逆者とされているものの、天狗には滑稽味というか、憎みきれない性格が具えられてもいる。

　天狗がもっとも活発に登場していた中世期、能にとっても天狗は魅力的な存在であった。天狗をシテとする『善界』『大会《だいえ》』（90ページ参照）『鞍馬天狗』『車僧《くるまぞう》』といった曲がつくられている。『善界』と『大会』は比叡山延暦寺と関わる内容で、特に『善界』は日

横川地区の中心、横川中堂

本の宗教の優位性を含めつつ、神仏を礼賛する能に仕上げられている。

比叡山を讃えて

大唐の天狗の首領である善界坊は、本国の名だたる寺の高慢な輩《やから》を天狗道に誘い込んだ。今度は神国であり仏教が盛んだという日本に渡り、仏法を妨害しようと企てる。まず、山城国の愛宕山に降り立ち、天狗の太郎坊を訪ねる。

善界坊は来日の目的を伝え「心を一つにして本意を達そう」と協力を求める。太郎坊も同意し「愛宕山の間近にある比叡山は、日本の天台山（天台宗の本山）だ。思い存分に狙われたらいい」と話す。

善界坊と太郎坊は、比叡山の仏法について語り合う。比叡山は「方便としての権教《ごんきょう》と真実の教えの実教《じっきょう》（法華経）に分け、また密教の奥義を伝えて、顕教《けんきょう》と兼修しているところだ」と畏れ入る。

善界坊は「五大尊明王の衆生《しゅじょう》済度《さいど》の誓いは色々あるが、不動明王の利益はほかの明王を越えている。忿怒《ふんぬ》の形相をしているが、心中は慈悲深い。念を凝らして動かずして理を顕わし、一切衆生の心の中に住むと誓いを立てられた」と不動明王の悲願をありがたがる。そしてわが身を振り返り「輪廻《りんね》の道を去ることが出来ず、魔境に堕ちている嘆きを思わないではない。仏法によって三悪道から出たこともあるが、なおも仏敵法敵となる悲しさ。迷いを翻して仏法に帰依《きえ》するのではなく、不動明王の持つ降魔《ごうま》の利剣《りけん》によって絶たれるのを待つなどとは、何ともはかない」と悲嘆する。

気弱になっていく善界坊であるが、時は迫ってくる。太郎坊は善

横川の飯室不動堂

界坊を比叡山へと導いて行く。

神仏混淆《こんこう》に屈服する

　比叡山延暦寺では「都を妨害する善界坊を祈祷するように」との帝の命が伝えられ、僧正が宮中に向かって下山していた。山麓につくと、山の端にそびえる下《さが》り松の梢が嵐に吹きしおれている。あたりは騒然となり、山河草木は震動して、稲妻が光り、雷が響いて僧正らの肝魂《きもだましい》が乱れる。

　そこに善界坊が姿を現わし「悟りの道もそのまま魔道になってしまうのだ」と語る。僧正が「悪魔も仏も凡夫も聖者も一体。いかなる者に対しても清浄な心のまま動かないのが、不動明王だ」と述べて、誓いの偈を唱えると、不動明王が二童子と十二天を従えて出現する。さらに山王権現（日吉大社／78・95ページ参照）をはじめ、男山の八幡、松尾の明神、北野の天神、賀茂の明神も現われる。神々の神風によって善界坊の翼は地に落ちてしまい「仏力と神力にはかなわない。もうこの国には来ない」と言って、雲の中に消え失せた。

　能『善界』の詞章の中に「〽明王諸天はさて置きぬ。東風《こち》吹く風に、東を見れば、山王権現」というくだりがある。「不動明王や諸天はさておいても、山王権現はただならない」という山王権現に対する善界坊の慄《おのの》きは尋常ではない。山王権現とは山岳信仰と神道、そして天台との神仏習合の神。比叡一山の地主神であり、天台一宗の護法神である。異国の天狗の善界坊が思い知ったのは、仏と神の合するパワーであった。

日吉大社山王祭、午の神事の様子

横川の飯室谷の不動明王と比叡山の天狗伝説

『善界』の前場の主となる場所は愛宕山で、後場は比叡山麓の一乗寺の下り松。どちらも京都の地である。近江がご当地となるのは、前場と後場の間。能力のアイが登場して「比叡山飯室の坊に仕える者」と自己紹介する。このアイのシャベリによって、善界坊をこらしめる僧正が飯室の高僧であることがわかる。

　飯室とは横川の六谷の一つ飯室谷をさす。別所飯室谷の山腹には比叡山飯室谷不動堂の境内が広がる。飯室谷不動堂は延暦寺五大堂の一つで、本尊は不動明王。『善界』において、法力の持ち主として讃えられるのは不動明王である。

　古来より飯室谷は「天狗が通過する地」と言われてきた。飯室不動堂の魔王堂には、天狗から化身した毘沙門天がまつられている。魔王堂の奥には比叡山三大魔所の一つの慈忍和尚廟《じにんかしょうびょう》がある。慈忍は第一九世天台座主。修行三昧の名僧で、戒律に厳しい人であった。「身は滅びても日夜山内を巡って懈怠《けだい》の僧を戒める」と遺言し、死後は「一眼一足尊」となり比叡山を巡廻したという。

また横川には、三大魔所の元三《がんざん》大師御廟《だいしみみょう》もある。元三大師とは第一八世座主の慈恵大師良源《じけいだいしりょうげん》の別称。良源は生前に数多くの奇瑞《きずい》を顕わしたことで知られる。死後は魔物から仏法を護るために天狗になったとする俗説がある。もう一つの三大魔所は東塔の天梯権現《てんだいごんげん》祠《ほこら》。祠のある場所には天狗が棲んでいたと伝え、この天狗は比叡山と中国の天台山を往復していたらしい。

魔所とは人に危害を加える場所ではない。今もなお延暦寺の僧たちが「三大魔所だけは怖い」と口にするそうだが、そこが清浄を護るための厳格の境界であるからだろうか。能『善界』に「〽本より魔仏、一如にして、凡聖不二《ぼんしょうふに》なり」という詞章がある。魔物と仏、凡夫と聖者と異なる現われ方をしながらも、その本性においては同一だという論理は、善悪も勝ち負けも超越する。

横川中堂から元三大師御廟への山道

column

近江の天狗たち

中世の天狗が天台の教えの「敵」とされることから、天台の聖地である近江は、天狗物のご当地ということになる。天狗物の『花月』と『鞍馬天狗』は近江を舞台としていないが「比良山には太郎坊の弟分の次郎坊」「比叡山には有名な天狗」のいることを謡っている。

能に関連しないものの、太郎坊宮の通称で知られる太郎坊天狗ゆかりの阿賀神社をはじめ、三井寺（園城寺）の「天狗杉」など、近江にはいくつかの天狗の史跡がある。

大会《だいえ》

延暦寺西塔《さいとう》——僧侶の夢はかなく

作者 不明
曲柄 五番目物・天狗物・太鼓物
登場人物 前シテ……山伏姿の天狗
後シテ……天狗
ツレ……帝釈天《たいしゃくてん》
ワキ……比叡山延暦寺の僧正
アイ……木葉天狗

あらすじ

比叡山延暦寺の僧正の庵に、山伏姿の天狗がやって来る。天狗は「以前の恩に報いるため、僧正の願いを叶えたい」と言う。僧正は「大会のありさまを、拝んでみたい」と答える。天狗は引き受けるが「大会の様子を見て、信心を起こさないでほしい」と注意を与える。

しかし大会のありがたい景色が目の前に現われると、僧正はたちまち信心を抱いて一心に礼拝《らいはい》してしまう。するとにわかに帝釈天が現われ、大会は散り散りになり、天狗は懲らしめられる。天狗は深い谷の洞窟に入っていった。

返礼にやって来た山伏

ここは比叡山のとある庵。一人の僧正が釈迦の教法について「五《ご》時八教《じはちきょう》があり、教内《きょうない》と教外《きょうげ》に分かれている」と問わず語りしている。さらに「釈迦が説教をした霊鷲山《りょうじゅせん》を模した比叡山は、唯一成仏の教法である法華経の山。真理の悟りの恵日《えにち》の光が円かに満ちている。鳥が仏法僧《ぶっぽうそう》と鳴いて、風が常楽《じょうらく》我《が》浄《じょう》と奏でている。まこ

大会が幻と消えた西塔近辺。そびえるのは弁慶杉

西塔の本堂・釈迦堂

とに類《たぐい》のないありがたいお山だ」と比叡山の仏徳を語り、心静かに座禅を組んでいる。

そこに現われたのは山伏。山伏は「以前、都の東北院《とうぼくいん》で私が命を落としそうになっていた時、あなたに助けられた。その礼を申すために参った」と告げる。そして「恩に報いるために、あなたの望みをすぐさま叶えよう」と申し出ると、僧正は「霊鷲山にて、釈迦が法華経などを説いた大会のありさまを、目の当たりに拝んでみたい」と答える。山伏は「たやすいことだ」と引き受けるが「あなたが大会の様子を見て信心を起こすと、私にとって悪しき事態となる」と注意を与えて念を押す。山伏は雨道を行き、梢に上がり、そこから谷に飛び降りて消え失せた。

西塔に立ち並ぶ常行堂と法華堂。二堂は「にない堂」で結ばれている

間狂言はリアルな立役者

『大会』は鎌倉中期の『十訓抄《じっきんしょう》』第一にある説話を出典としている。『十訓抄』によると、舞台となっているのは比叡山の西塔《さいとう》。東塔《とうどう》（94ページ参照）の北西に広がる区域で、本堂は釈迦堂である。ご当地にふさわしく『大会』は一貫して釈迦に関わる能だ。

『十訓抄』の説話の内容を詳しく語るのは、アイの木葉天狗。山伏が東北院で僧侶によって命拾いした一件も、木葉天狗によって明らかにされる。愛宕山の大天狗が鳶《とんび》の姿となって、洛中を飛び回っていた時、東北院のほとりで蜘蛛《くも》の巣にあたって落下した。鳶を見つけた京童《きょうわらべ》たちが毛をむしろうとしていたところを、比叡山の僧が通りがかり、童らに自らの数珠《じゅず》と扇を与えて鳶を助けたというのだ。

能一曲の中でアイが登場すると、舞台に息吹きがかもしだされ、能の物語が身近に引き寄せられる。往々にして抒情を重んじウェットに展開していた舞台を、アイは現実的にドライにとらえてドラマを進行させる。『大会』では、アイは大会の手伝いにも忙しい。

西塔に展開する大会の夢、幻

舞台は後場である。僧正が杉叢《すぎむら》で目を閉じて待っていると、虚空に音楽が響き仏の声がする。目を見開きあたりを見渡せば、比叡山はまさに霊鷲山の景色。釈迦が菩薩や八部衆など弟子たちに囲まれて、法華の法を説いている。僧正はたちまち、山伏との約束を忘れて信心を起こし、随喜《ずいき》の涙をこぼして一心に礼拝してしまう。

するとにわかに帝釈天が現われ

て、天狗の魔術を暴く。またたく間に目の前の大会は散り散りになってしまった。帝釈天に打ち据えられた天狗は羽がよじれて、飛ぶことも出来ない。天狗が謝ると、帝釈天は天上に消える。天狗は岩根を這って、深い谷の洞窟に姿を消すのであった。

以上が後場の展開だが、帝釈天が出現して釈迦が天狗の正体を現わす時に、能面を「釈迦」から「中癋見《ちゅうべしみ》」に変える演出がある。釈迦の面《おもて》を取ると、あらかじめつけておいた癋見の面が現われるという、能にしてはきわめて珍しい企て。『大会』は天狗物の中でも、豪華絢爛な舞台であり、さまざまな演出が試みられる能である。

『大会』に用いられる天狗の面。一般の天狗の面程鼻は高くなく、釈迦の面の下に付けて用いられることから「釈迦下」とも呼ばれる(彦根城博物館蔵)

天狗の恩義と、慎ましい一人の僧

それにしても、恩返しにニセの大会を見せた天狗は、ボロボロになるまで罰せられるほどの悪事を働いたのであろうか。生涯にたった一つ「大会を拝みたい」と望み、その景色に溺れてしまった僧正の自己断罪はいかなるものだったのか。中世は、宗教における偽装や盲信などの冒瀆《ぼうとく》をもっとも嫌う時代であった。

僧正とは高僧を意味するが『大会』の僧正は、『善界』(84ページ参照)や『雷電』(76ページ参照)に登場する僧のごとく、勅命にしたがって参内する最高位の僧侶のようには思われない。詞章から察するに、僧正の庵は「〽心すごの山洞や」とあるように山の中のわびしい住まいであり、僧正の人柄は「〽かばりの信者」というように深い信仰を持つ慎ましい人であったのだろう。

老杉の聳《そび》え立つ西塔をさまようと、静寂の堂宇の中でただひたすら行に生きる僧の存在と、山陰にひそむ天狗の幻影が感じられ、中世の比叡山にそっと立ちかえさせてくれるのである。

西塔にたたずむ石仏

ご当地案内

雷電・善界・大会

①比叡山延暦寺▼天台宗の総本山。延暦七年（七八八）に伝教大師《でんぎょうだいし》最澄《さいちょう》が薬師如来像を本尊として一乗止観院（根本中堂）を建立したことにはじまる。以来、根本道場、真理探究の山として、各宗派の祖師高僧を輩出し、日本仏教の母山と仰がれてきた。山内は地域別に東塔、西塔、横川の三塔に区分され、それぞれに本堂がある。三塔の多くの建物は文化財建造物であるが、元亀二年（一五七一）の織田信長による比叡山焼討によってほぼ焼失し、現在の建物は再建されたもの。平成六年（一九九四）にユネスコ世界文化遺産に登録。滋賀県では琵琶湖を「うみ」と呼び、比叡山を「おやま」と呼び慕う。平安末期に編まれた歌謡集『梁塵《りょうじん》秘抄《ひしょう》』には「近江の湖《うみ》は海ならず　天台薬師の池ぞかし……」と、琵琶湖を薬師如来の宝の池としている。薬師如来は東方浄土の仏であり、瑠璃光如来とも称される水の教主。「うみ」と「おやま」は一体となって祈りの風土を形成している。

▼京阪電鉄石山坂本線坂本比叡山口駅から徒歩11分のケーブル利用／比叡山ドライブウェイ利用

②東塔▼総本堂の根本中堂（国宝）がある東塔は比叡山三塔の中心地。根本中堂の堂深く、厨子内には秘仏の薬師如来像が安置され、宝前には「不滅の法灯」が灯る。僧侶が受戒するための戒壇院《かいだんいん》、各宗派の宗祖をまつる大講堂、先祖回向の道場である阿弥陀堂、文殊楼や灌頂堂《かんじょうどう》、法華総持院東塔、大黒堂など重要な堂塔が並んでいる。

③横川▼延暦寺の三塔の一つ横川は、比叡山の連峰の北端にあたる。第三世天台座主の慈覚大師円仁《じかくだいしえんにん》によって開かれた。

④横川中堂▼嘉祥元年（八四八）に円仁により開創。首楞厳院《しゅりょうごんいん》と呼ばれる。遣唐使船をモデルとした舞台造りで『天狗草紙』にも描かれている。現在の建物は昭和四六年（一九七一）に再興されたもの。本尊は円仁作と伝えられる聖観音菩薩。新西国霊場第十八番の札所である。

⑤根本如法塔▼円仁の写経「根本法華経（根本如法経）」を、根本杉の祠の中に安置したことにはじまる。現在の建物は大正期の再建の多宝塔。

⑥西塔▼東塔から北西へ一キロの区域。第二世天台座主の寂光大師円澄《じゃっこうだいしえんちょう》によって開かれた。

⑦釈迦堂▼西塔の本堂で、正式には転法

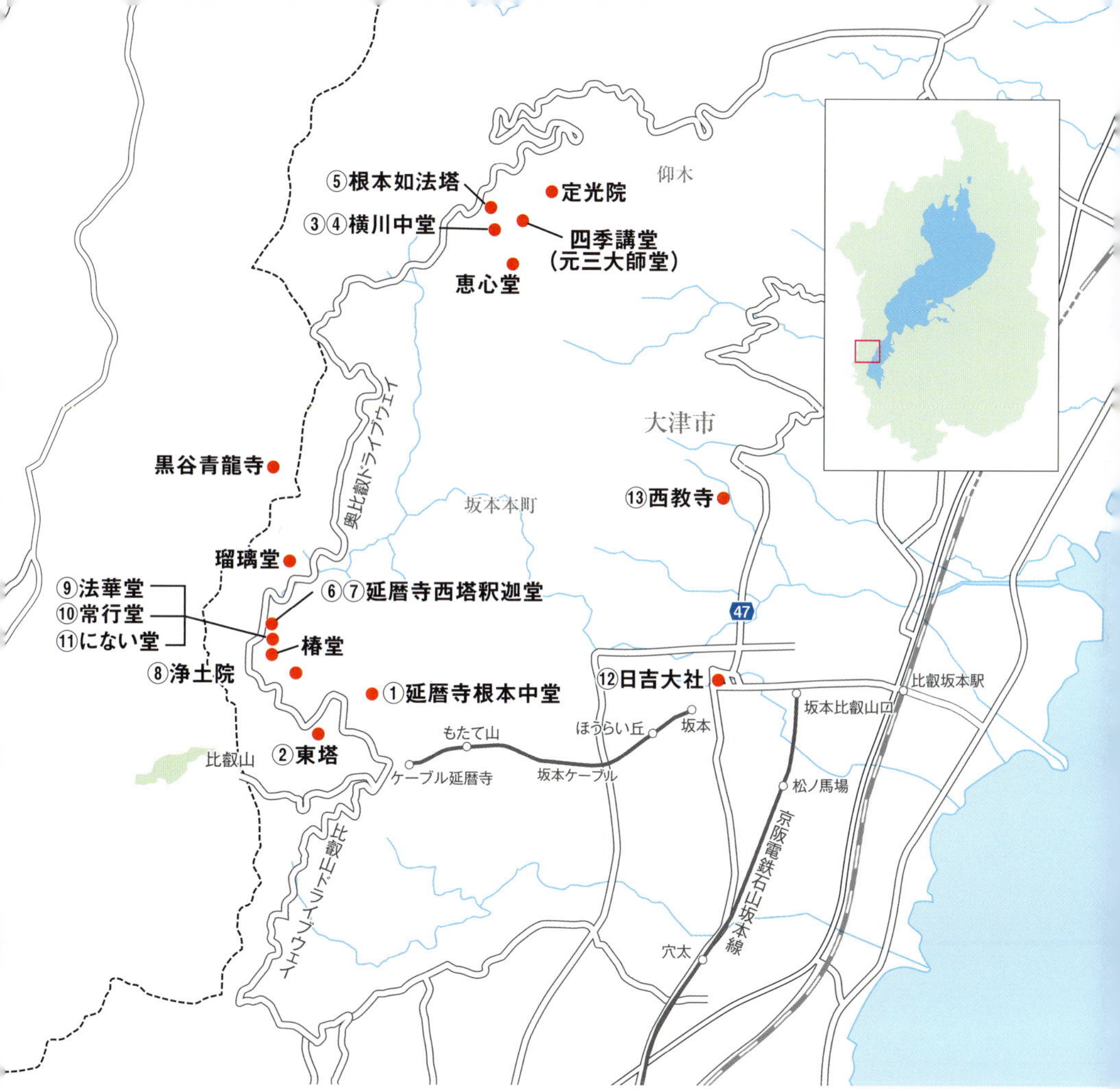

輪堂という。本尊は伝教大師最澄作の釈迦如来立像。現在の建物は、豊臣秀吉によって三井寺（園城寺）の金堂を移築してもので、山上でもっとも古い。

⑧浄土院▼伝教大師最澄の御廟所《ごびょうしょ》。一二年籠山の僧が御廟を守り生身の大師に仕えるよう奉仕することを行としている。

⑨法華堂▼法華三昧《ほっけざんまい》を修する。本尊は普賢菩薩。

⑩常行堂▼常行《じょうぎょう》三昧を修する。本尊は阿弥陀如来。

⑪にない堂▼同じ外観の法華堂と常行堂の二堂をつなぐ渡り廊下。法華と念仏が一体であるという教えを表している。武蔵坊弁慶が二堂を担ぎ上げたとする伝説からこの名前がある。

⑫日吉大社▼比叡山山麓の坂本に鎮座。全国3800余の「山王さん」の総本宮。二つの本殿は国宝。

▼京阪電鉄石山坂本線坂本比叡山口駅から徒歩10分／国道161号西大津バイパス下阪本ランプから10分

⑬西教寺▼天台真盛宗の総本山。聖徳太子の創建と伝え、室町時代の僧・真盛上人により、不断念仏道場として栄える。

▼京阪電鉄石山坂本線坂本比叡山口駅から徒歩20分／国道161号西大津バイパス下阪本ランプから10分

白鬚（白髭）しらひげ

白鬚神社——比良《ひら》明神の神威

作者 不明（曲舞は観阿弥）
曲柄 脇能物・異神物・太鼓物
登場人物
前シテ……漁翁
後シテ……白鬚明神
前ツレ……漁夫
後ツレ……龍神
後ツレ……天女
ワキ……勅使
ワキツレ……従者
アイ……末社の神

あらすじ

白鬚明神を訪れた帝の臣下から声をかけられた漁翁は、日本に仏法がもたらされた経緯や、比叡山の開山に一人の老翁が関わったことなどを詳しく語る。ありがたい内容の話に臣下が驚くと、漁翁は「その老翁こそ私だ」と言って社壇に消える。

やがて社壇より白鬚の神が現われ、臣下を慰めるために舞を舞う。さらに天女と龍神が姿を見せて、法灯を神前に供えて舞う。夜が明けて天女、龍神は天地に別れて飛び去る。白鬚明神の報いによって、よく治まった御代となった。

のどかな春の日、白鬚の宮への道

時の帝は不思議な夢を見た。それは「江州の白鬚の明神のお告げを受けた」という霊夢だった。

さっそく帝は臣下に、白鬚の宮の参詣を申し渡した。

都から白鬚の宮までの道のりを「〽九重《ここのえ》の、空ものどけき春の色、空ものどけき春の色、霞む行方は

湖上を埋める花びら

花園の志賀の山越うち過ぎて、真野の入江の道すがら、鳰《にお》の浦風さえかへり、立ち寄る波も白鬚の、宮居に早く着きにけり」と臣下は謡う。

都を意味する「九重」という言葉は、平安京と近江大津宮《おおみのおおつのみや》（72ページ参照）とを重ね合わしているのだろう。出発地の京の都と古《いにしえ》の近江大津宮を綾なすのは、空ものどかな春景色。京都側の北白川から比叡山の南麓を分け入り、志賀峠を越えると眼下に琵琶湖が広がる。南を望めば春霞の向こうに、近江大津宮に設けられていた名残の花園。臣下たちが通った路は、都と近江を結ぶ志賀の山越え（70ページ参照）であった。

　志賀の山越えからさらに琵琶湖に向かって坂道を下ると、古代七道の一つの北陸道（近世の北国海道）に出くわす。ここを現在地でいえば、京阪電鉄石山坂本線の滋賀里駅から東進して交わる国道上となる。

　臣下たちは北陸道を北へと進む。道すがら真野の入江（105ページ参照）にさしかかると、鳰の湖の浦風がひとときわさわやかで、水辺には白波が打ち寄せている。真

琵琶湖上から大鳥居越しに本殿を望む

野の入江は歌枕としても知られる景勝地であったが、近世に埋め立てられて、現在は入江跡に石碑が残されているだけとなっている。

残念なことに能『白鬚』には、真野の入江から白鬚の宮までの道程については記されていない。真野の入江は船着場でもあったので、白鬚の宮まで水路を利用することも出来るのだが、ここは陸路を選びたい。白鬚神社へと導く古道の随所に「白鬚神社大明神」と彫られた道標が残されているからだ。この道標には「天保七年」（一八三六）と刻まれており、能『白鬚』の時代よりもすこぶる新しい時期の建立になるのだが、人力をはじめとする交通手段に大きな違いがあったとは思われない。白鬚神社の道標は大津市内の滋賀里、唐崎《からさき》、堅田《かたた》、八屋戸《はちやど》、木戸、大物《だいもつ》、南小松の北陸道付近の七ヶ所に確認されている。南小松の道標には「左是より二里八丁」の文字が見える。

謡は、中世の琵琶湖の風光を讃える

能『白鬚』のメインステージは、高島市の南端に位置する白鬚神社（110ページ参照）。比良連峰の山裾、琵琶湖に迫る白砂青松《はくしゃせいしょう》の明神崎に鎮座する。正面の湖中には朱色の大鳥居が立つ。白鬚神社が「近畿の厳島」とされているのは、この大鳥居の景観が広島県宮島の厳島神社の海上に立つ大鳥居に似ているからだという。船などに乗って湖上から白鬚神社を眺めてみると、神体山の弥山《みせん》を背に海上に浮かぶ厳島神社を想起させる。両社は水と地とが一体となった神の座《いま》す地である。

明神崎から琵琶湖を見晴るかすと、空の色を映す水鏡はどこまでも滑らかで、対岸近くに浮かぶ沖島の島影が望まれる。沖島では「白鬚神社は湖神をまつる」とされ、漁師らの信仰を集めてきた。

白鬚神社あたりから見る中世のころの景色を、能『白鬚』に登場する漁翁と漁夫が釣船の上で謡う。「帰りゆく船を、追い風は遠いところまで送る。海も空も果てしなく広くて、光る水面は平らかである。この景色の模様から船人は、明日の朝が雨天かどうかを解するのだ。趣深くも、今は春の候。空を覆う衣みたいにかかった霞がほころんで、白妙《しろたえ》のように咲いている峰の花がのぞいた。嵐も匂うばかりの日の光だ。比良の山風が花を誘って吹き、花びらが散った湖面には船跡が見える。琵琶湖の入江ははるばると霞み渡っている。空には雁が飛び、帰りゆく姿は越《こし》路《じ》の山までもが眺められる」と。

能を方向づけた『白髭の曲舞《くせまい》』

『白鬚』は湖西の地を旅する能である一方、能の黎明期《れいめいき》を旅する特別の作品でもある。

南北朝時代、諸国の猿楽《さるがく》座の中でも際立つ存在であったのが、近江猿楽（120ページ参照）と並ぶ大和猿楽（120ページ参照）。大和猿楽の四座の中の一つ結崎座《ゆうざきざ》（現・観世流）の観阿弥・世阿弥父子によって今日の能の基盤が確立された。

琵琶湖西岸に咲く桜

世阿弥は『申楽談儀《さるがくだんぎ》』の中で「観阿（観阿弥）、今熊野《いまぐまの》（現・新熊野神社）の能の時、申楽といふことをば、将軍家、御覧じはじめらるるなり。世子（世阿弥）、十二の年なり」と述べている。応安七年（一三七四）、足利三代将軍義満《よしみつ》は京都の今熊野で、観阿弥の「申楽の能」を見たのだった。この時、義満は観阿弥の能に感銘し、さらに十二歳の世阿弥をいたく気にいる。義満が結崎座を全面的に庇護するきっかけであった。さらにこの出会いは、能が大成するための歴史のはじまりでもあった。

今熊野で演じられた申楽は、観阿弥作の『白髭の曲舞』とされる。曲舞（103ページ参照）とは、南北朝時代から室町時代に流行した芸能で、やや長めの叙事的な歌詞をリズミカルに歌い、足拍子を踏むなどの単調な舞を伴う芸能であったらしい。観阿弥はこの曲舞を和らげ、小歌節をまじえて謡ったようだ。これを世阿弥は『音《おん》曲声出口伝《ぎょくこわだしくでん》』で「曲舞のかかり、第一のもてあそびとなれり」「曲舞がかりの曲をば、大和音曲と申したり」と、曲舞こそが大和猿楽の中心の芸だと断言している。そして「白髭の曲、最初なり」と、能における曲舞の出発が『白髭の曲舞』だと明記した。

『白髭の曲舞』の歌詞は、現行の能『白鬚』の「クリ」「サシ」「クセ」の小段にそのまま取り入れられている。その内容は『太平記』などにみえる『比叡山縁起』の白鬚明神の登場する記述とほぼ同じなのである。

白鬚神社本殿越しに琵琶湖が見える

白鬚神社境内の磐座《いわくら》

釣人の翁が白鬚の明神となって

能『白鬚』のストーリーに戻ろう。白鬚の宮に到着した臣下らは、湖で働く漁翁と漁夫に出会う。漁翁はこの国の起こりと、比叡山が開かれた経緯について詳しく語り出す。『白髭の曲舞』にあたる段である。

大聖《だいしょう》釈尊《しゃくそん》（釈迦如来）が仏道を広めようと人間界を飛行して眺めると、大海の上に「すべての衆《しゅ》生《じょう》は仏性を有している。仏の本質は常住して変わることはない」という波の声がした。その声が一葉の蘆《あし》に凝り固まって一つの島となった。今の大宮権現（日吉大社）の橋殿だ。

やがて涅槃《ねはん》に入った釈迦如来は、蘆が島となった「中つ国（日本）」の様子を見ると、まだ人々は仏法という言葉さえも知らない。そこで釈迦如来は比叡山の麓の志賀の浦のほとりに、釣り糸を垂れる老翁を見つけ「あなたがこの地の主であるのなら、この山を私に譲ってほしい。ここを仏法結界の聖地とするのだ」と頼む。ところが老翁は「私は人寿《にんじゅ》六千歳のはじめからこの山の主として、湖が七度まで蘆原になったのを見た翁だ。この地が結界《けっかい》となれば、釣りをする場所を失う」と断る。

釈迦如来があきらめると、東方より浄瑠璃世界の主である薬師如来が忽然と現われて「私は人寿二万歳の昔からここの主だが、この翁は私を知らない。すぐに信仰の山として開きなさい。私もこの山の主となって仏滅後の末法を守ろう」と誓約する。薬師如来と釈迦如来はそれぞれ東と西に去って行った。その時の老翁が、今の白鬚の明神だという。

語り終えた漁翁は「この私こそが、白鬚の神なのだ」と明かし、社殿の奥に入る。

白鬚神社本殿。国の重要文化財に指定されている

『白髭の曲舞』の思惑と能『白鬚』の主題

ところで白鬚神社の由緒は、能『白鬚』の謡う『比叡山縁起』とは違っている。

社記によると「今から約二千年前の垂仁《すいにん》天皇二五年、倭姫命《やまとひめのみこと》が社殿を再建し、白鳳二年（六七四）天武天皇の勅旨をもって比良明神の号を賜る」とある。

また『白鬚大明神縁起絵巻』の第四、五段には「垂仁天皇二五年、

湖上に立つ大鳥居

猿田《さるた》彦命《ひこのみこと》は諸国を巡り近江国に至った。この国には大きな湖があり、高嶺や神山が四方を囲っていた。猿田彦命はこの国を賞賛し、小船をつくって釣り糸を垂れて遊び〝私は湖が三度桑原になるのを見た〟と述べている。土地の者が猿田彦命の神霊をまつって神社を建てた。そこに老翁が現われて〝白鬚の神だ〟と言った」などと書かれている。

　観阿弥が『白髭の曲舞』の歌詞として、なぜ白鬚神社の縁起を使わずに『比叡山縁起』を採用したかについては、上演地が今熊野であったことを指摘する説がある。今熊野は都における熊野信仰の中心であり、今熊野の本地仏《ほんじぶつ》は薬師如来だった。一方、延暦寺の東塔の根本中堂の本尊も薬師如来である。上演曲に薬師如来を登場させるために『比叡山縁起』が採られたとも考えられるのだ。

　『白鬚』の後場の舞台は、神々しい舞に満ちる。社壇の作り物の引き回しが下ろされて、白鬚明神が姿を現わし臣下らを慰めるために、さまざまな神楽《かぐら》の秘曲を尽くして舞を舞う。さらに湖水の面が鳴動する。法灯を神に供える天女と龍神の来現。灯が捧げられると、山河草木が輝き渡って昼にも増して明るくなる。天女と龍神も華麗に舞う。やがて夜も明けて、天女と龍神は天地に分かれて飛び去って行く。

　「〽君と神との道直ぐに、治まる国ぞ久しき」で開幕した『白鬚』は「〽白鬚の神風、治まる御代とぞ、なりにける」で終わる。白鬚明神の神威によって、治世の整った御代を寿ぐのが『白鬚』の主題であったのだ。

column

中世・近江の芸能——その④

観阿弥の習った曲舞の系譜

中世に活躍した芸能者に白拍子《しらびょうし》がいる。平安末期から鎌倉時代にかけて一世を風靡した舞人である。白拍子の中でもっとも有名な者が、源義経の恋人の静御前だ。米原市の長久寺の里には、静御前ゆかりの「寝物語」の伝承がある。静御前とともに今に名前を残す白拍子に祇王《ぎおう》がいる。祇王は平清盛の寵愛を受けた白拍子であり、出身は野洲市の旧村・江部荘《えべのしょう》と伝える。祇王は荘司の娘であったが、父の没落によって白拍子となったとされる。近辺に白拍子との接点があったから、武士の娘から白拍子となりえたのであろう。

白拍子という言葉は、静御前や祇王などのように職種をさすこともあるが、リズムに特徴のある歌舞の芸能、あるいは拍子そのものの名称をさす。拍子をとる打楽器としては主に鼓が使われた。舞手は足拍子を伴って軽快に、あるいは拍子の間《ま》を計って緊迫感を出し、一曲のクライマックスには激しい動きの「攻め」など、新たな舞を創作したと推測される。白拍子を舞ったのは女性だけなく寺院の稚児も舞っていて、僧侶たちの熱い視線を集めた。

白拍子が衰退を見せる室町時代、白拍子の舞から派生したと考えられる芸能に曲舞《くせまい》がある。はじめは女性や稚児が舞っていたが、寺院などに従属する声聞師《しょうもじ》によっても行われていた。やがて座が組まれて地方に分布し、近江にも多くの曲舞の一座が起こり、諸国を回遊する座もあった。曲舞は、叙事的な詞章に合わせて謡い舞う芸能であったらしい。観阿弥は、女曲舞の乙鶴から習った曲舞に手を加えて『白髭の曲舞』をつくったのである(100ページ参照)。

曲舞も白拍子や遊女、傀儡子《くぐつ》と同様に、遊行《ゆぎょう》の芸能者だ。『三井寺』の女物狂い、『自然居士』の放下、『蝉丸』の琵琶法師、『望月』の瞽女《ごぜ》と、近江を舞台とする能には芸能者が介在する作品が多く、これらの芸能者たちも「流れ」の者である。都と諸国を結ぶ近江は漂泊の民のカオスでもあり、芸能が刺激し合って交流し、新たな芸能を創出する開放的なエネルギーと、表現を可能とする身体を持つ者たちがあふれていたのだ。

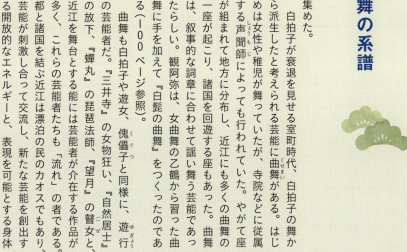

竹生島

ちくぶしま

作者 不明

曲柄 脇能物・荒神物・太鼓物

登場人物

前シテ……漁翁

後シテ……龍神

前ツレ……浦の女

後ツレ……弁才天

ワキ……臣下

ワキツレ……従臣

アイ……竹生島明神の社人

竹生島
——女神の島へ

あらすじ

延喜帝の臣下らが竹生島詣《もうで》を志し、琵琶湖畔にやって来る。臣下は釣船の翁と浦の女に、竹生島までの便船を頼む。浦々の春景色を楽しんでいるうちに竹生島に到着。弁才天を参詣しようとすると、女も一緒に来るので、臣下は「ここは女人禁制だ」といぶかしむ。老人は「弁才天は女神だから、女人を分け隔ててはいけない」と諭し、弁才天の由来などを語る。さらに「実は我々は人間ではない」と明かして、女は御殿に、翁は湖中に消える。

やがて御殿が揺れて輝き、弁才天が出現し、「天女ノ舞」を舞う。続いて湖上に龍神が現われる。

出航は真野の入江

大津港より竹生島へ渡る遊覧船（通常運航はない）に乗る。出航から40分ほどで、琵琶湖大橋の下をくぐる。ここから西方の岸を見れば、真野の浜辺（110ページ参照）だ。能『竹生島』に登場する臣下たちは、真野の入江から釣船に乗船したのであった。『竹生島』

都久夫須麻神社を琵琶湖上から望む。本殿は国宝

の詞章に綴られた真野までの道程を、船上から南湖を振り返りつつ思い出してみよう。

季節は弥生の半ば。竹生島詣に出発したのは、延喜帝（醍醐天皇）の臣下たち。都を出発して四宮河原（7ページ参照）を過ぎれば、まもなく逢坂の関（8・26ページ参照）。山城と近江の境目だ。この地には、水がほとばしるという走井の名水（26ページ参照）が溢れ、水面に映る月のように、曇ることのない御世と逢う心地がする。そして関の宮居（26ページ参照）を伏し拝む。逢坂山の峠を越えれば、早くも志賀の里、鳰《にお》の浦。一行は湖西の道をたどり、真野川の河口にある真野の入江に到着する。

現在の真野の浜は、琵琶湖大橋の西詰あたりだが、「真野の入江跡」の石碑が立っているのは、湖畔から五百メートルほど後退した地。石碑のまわりには田畑や住宅が広がる。かつてはこのあたりまで、入江が深く入り込んでいたという。平安から中世の時代へ、真野の入江は北国や湖東へ向う旅人で賑わう交通の要所であった。また和歌にも詠まれる景勝の地としても知られていた。

臣下が真野の入江から湖を望むと、一艘の釣船が見えるので、船が岸辺に着くのを待って、乗船を頼むことにする。

さて、こちらは湖上の釣船の中。晩春の夜がしらじらと明けてきたところである。乗っている翁と浦の女は、漁を生業《なりわい》としている。「つらい仕事」と言いつつも、眺望の優れた琵琶湖で働くことを疎ましいとは思っていない。「天智天皇が営んだ近江大津宮《おうみのおおつのみや》（72ページ参照）の花園、昔ながらの長等《ながら》の山桜」などと、二人は名所を挙げていくのであった。

都久夫須麻神社本殿

湖水を覗くと「面白の島の景色や」

現在の遊覧船は、北湖の面を切り分けるように白波を立てて疾走する。

臣下たちの便船した釣船は、ゆったりと水面を進んでいたことだろう。棹を操る翁が「西に連なる山々は春の装いで、花は白雪のようだ。雪なのか花なのか、季節を通して頂を白く染めている比叡山は、まことに富士山のごとく。晩春と言えどもまだ寒気は冴えて、比良《ひら》

真野の入江跡（撮影・著者）

二股の竹（宝厳寺蔵）　アイの社人が「〽二股の竹と申して、当島一の御宝物にて候」と語る

山からの颪《おろし》の風が吹きつけている」と浦山の風光を謡う。そうこうするうちに、竹生島が見えて来た。

　ここからの『竹生島』の詞章「〽緑樹影沈んで、魚木に上る景色あり、月海上に浮かんでは兎も浪を奔るか面白の島の景色や」は、謡曲の中でもきわめて美しい。「竹生島が湖面に写っている。湖水はどこまでも澄んでいて、島の木々の緑の影が沈んで見える。その木々の枝を上るように、たくさんの魚が泳いでいる。夜になると、月が映って水面に浮かぶ。月にいる兎の影がさざなみに揺れて、まるで浪の上を兎が奔っているかのようだ」と。古《いにしえ》の琵琶湖の澄みきった水質をしのばせ、天と地の景色を水中に宿した巧みな表現である。

　竹生島は琵琶湖の最北端の島で、水深が百メートルにもおよぶ水域に近い。底知れない紺碧《こんぺき》の湖面に映るのは、常緑樹に覆われた島影。現在もなお、琵琶湖八景の一つ「深緑・竹生島の沈影」の景観を見せている。

弁才天と観音、女神を信仰する島

　遊覧船が竹生島港に近づいていくと、急峻な山麓の斜面に建つ伽藍や社殿が眼前に迫ってくる。竹生島宝厳寺《ほうごんじ》（110ページ参照）と都久夫須麻《つくぶすま》神社（竹生島神社／110ページ参照）の建物である。

船着場から長い石段を上る。「巌金山《がんこんさん》」の額を掲げた鳥居をくぐり、さらに上れば、天然林に包まれた竹生島宝厳寺の本堂が開ける。本尊の大弁才天は、広島県宮島の厳島神社と神奈川県江の島の江島神社の弁才天と共に「日本三弁才天」に数えられている。本堂の内陣の奥深く、須弥壇《すみだん》の扉は固く閉ざされている。宝厳寺の弁才天は六〇年に一度しかご開帳されない秘仏なのだ。

　弁才天信仰の篤い竹生島は、西国三十三所の観音霊場の三十番札所でもある。本堂から観音堂への石段を下りていくと、どっしりと唐破風《からはふ》をかけた唐門が見えてくる。唐門に続く観音堂には秘仏の千手観世音菩薩がまつられている。

　観音堂と舟廊下《ふなろうか》によって結ばれているのは、都久夫須麻神社。祭神は、竹生島の産土神として崇められている浅井比売命《あざいひめのみこと》、弁才天である市杵島比売命《いちきしまひめのみこと》、宇賀福神《うがふくじん》、龍神の四柱。

　竹生島の誕生には、女神の説話が伝えられる。夷服岳《いぶき》(伊吹山)と浅井岳(金糞岳《かなくそ》)が標高を競い、負けた夷服岳の多多美比古命《たたみひこのみこと》が腹を立てて、浅井岳の浅井比売命の首を斬り落とした。その首が琵琶湖に落ちて竹生島が生まれたというのである。つまり竹生島はご神体から誕生した島なのだ。

「弁才天は女体にて」竹生島と女性

　弁才天を拝した臣下は、弁才天の堂宇まで入って来た女について「この島は女人禁制と伺っているが、これなる女人はなぜ参っているのか」といぶかしむ。それに対して翁は「それは物を知らない人の申すこと。弁才天は如来の再来なのだから、女人こそ参るべきなのだ」と諭す。さらに「弁才天は女体にて、その神徳もあらたかで、天女として現われたのだから、女人だと隔てられることはない」と言葉を重ねる。

　神仏の習合が進んだ中世の時代は、女性を修行の妨げ、あるいは穢れの存在とした考えの強い時代でもあった。しかし能『竹生島』は女性を差別しない。

　舞台は展開する。女は「私は人間ではない」と言って社殿に入る。翁は「私はこの湖の主だ」と言い捨てて、波の中に消える。

　女は実は弁才天であった。女が姿を消した御殿が揺れ動いて、まるで日や月が光り輝いて山の端から出るごとく、天女の姿をした弁才天が現われる。その時、空には音楽が聞こえて、花が降りそそぐ。弁才天は月に輝く袂をひるがえし

『竹生島』後シテ・古橋正邦（撮影：渡辺真也）

て「天女ノ舞」を舞う。
続いて、月の澄み渡る湖面に波風が鳴動し、龍神が現われて光り輝く金銀珠玉を臣下に捧げる。
龍神は「仏は天女の姿で現われて、仏縁ある人々のもろもろの願いを叶える。あるいは龍神の姿となって国土を鎮める」と仏の二つの誓願を顕した。弁才天が社殿に戻ると、龍神は湖水の上を飛びまわり、波を蹴立て、水を返し、大蛇の姿となって龍宮に入ったのであった。
ご当地の近江の伝承によると、琵琶湖は龍神に守られ、湖の底の底には龍宮があるという。また、龍は自らのからだで竹生島を巻きつけて、島を守護しているとも伝える。

白鬚・竹生島

ご当地案内

①白鬚神社▼別社名は白鬚明神、比良明神。地主神の比良明神が、鎌倉時代ごろから白鬚明神と呼ばれるようになったとも言われる。「白鬚」の社名から延命長寿の神としても広く信仰を集めた。武家の崇敬も篤く、源頼朝が鰐口《わにぐち》を奉納し、佐々木信綱や佐々木義賢《よしかた》らが社殿を増改築している。現在の本殿(重文)は慶長八年(一六〇三)に豊臣秀頼によって再建されたもので、典型的な桃山建築。祭神は猿田彦命。全国に数多くの分霊社がある。
▼JR湖西線近江高島駅から徒歩40分/名神高速道路京都東ICから国道161号を北上(40㎞)

②鵜川《うかわ》四十八体石仏群▼白鬚神社と同じ鵜川地区、旧西近江路の山道にたたずむ。天文二二年(一五五三)佐々木義賢が母の菩提を弔うために建立したと伝える。高さ一・五メートル前後の阿弥陀如来坐像が三三体並んでいる。

③高島市の水辺景観▼平成二七年(二〇一五)、滋賀県や高島市などが申請した「琵琶湖とその水辺景観—祈りと暮らしの水遺産」が文化庁の「日本遺産」に認定された。高島市では白鬚神社のほかに、川の魔物から守護する「シコブチ信仰」の伝わる安曇川水系の地区、琵琶湖の入江で「藤原仲麻呂の乱」の舞台となった乙女ケ池、水城の「大溝城」の跡、湧き水を利用する「カバタ文化」を暮らしに取り入れる針江や霜降の地区、湖岸に築かれた防波石垣や江戸末期の町家建築を残す海津・西浜・知内地区などの景観が、高島市の「祈りと暮らしの水遺産」となっている。

④真野浜(真野の入江)▼大津市の真野は真野川の下流に開けた地。春日山古墳をはじめとする古墳群、豪族の真野氏の本拠地として知られる。真野の入江は、西近江路の陸路、湖東や北国への水路の交通の要所として栄えた。

⑤竹生島▼琵琶湖の北部に浮かぶ、周囲二キロ、最高標高二〇〇メートルほどの小島。居住者はいないが、宝厳寺と都久夫須麻神社を参詣する善男善女で賑わう。
▼長浜・今津・彦根の各港からの観光船を利用。運航ダイヤは季節によって異なる。また、乗船料のほかに入島料が必要。

⑥竹生島宝厳寺▼竹生島の寺院。寺伝によれば聖武天皇の命により、行基《ぎょうき》が開創したとする。当初は東大寺の傘下にあり、平安時代には延暦寺の支配下となった。中世より観音、弁才天の霊地となった。豊臣秀頼が伽藍再建などの援助をし、伏見桃山城や豊国廟から遺構が移築された。唐門は国宝。重文の観音堂には、秘仏の千手観世音菩薩がまつられている。

⑦都久夫須麻神社(竹生島神社)▼江戸時代までは神仏が習合して竹生島明神、竹生島権現などと崇められてきた。桃山様式の遺構を伝える本殿は国宝。内部の絵天井や襖絵などの装飾が絢爛豪華だ。

column

井伊大老と能楽

通常の『竹生島』の演能においては、前シテは漁翁、後シテは龍神、前ツレは浦の女、後ツレは弁才天だ。しかし特殊演出の小書「女体」がつけばシテとツレは入れ替わる。喜多流においては、前シテは同じであるが後シテが弁才天となる。彦根藩お抱えの喜多流の能楽師に「弁才天を主人公にした方がいい」と進言したのは、幕末の大老・井伊直弼だと言われている。能楽の愛好家であった直弼は、米原市の筑摩神社をご当地とした『筑摩江』、能『安宅(黒塚)』をもとにした狂言『鬼ヶ宿』を創作している。

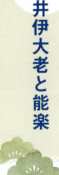

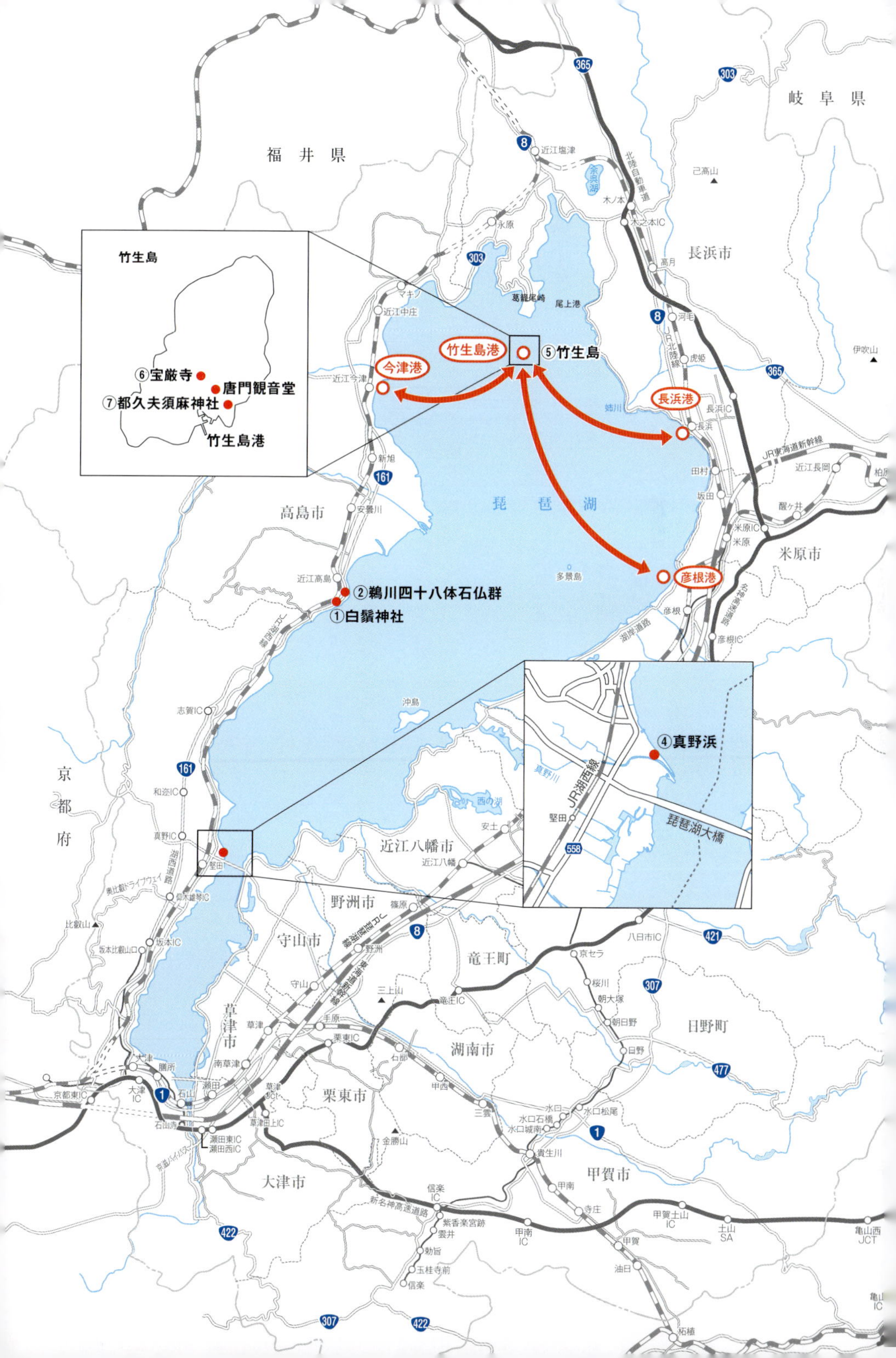
福 井 県
岐 阜 県
京 都 府
竹生島
⑥宝厳寺
唐門観音堂
⑦都久夫須麻神社
竹生島港
今津港
⑤竹生島
長浜港
彦根港
②鵜川四十八体石仏群
①白鬚神社
④真野浜
琵琶湖
琵琶湖大橋
JR湖西線
真野川
堅田
長浜市
高島市
米原市
近江八幡市
野洲市
守山市
竜王町
草津市
湖南市
栗東市
日野町
甲賀市
大津市
葛籠尾崎
尾上港
多景島
沖島
西の湖
余呉湖
近江塩津
永原
マキノ
近江中庄
近江今津
新旭
安曇川
近江高島
志賀IC
和迩IC
真野IC
仰木雄琴IC
坂本IC
坂本比叡山口
比叡山
奥比叡ドライブウェイ
湖西道路
木ノ本
木之本IC
高月
河毛
虎姫
長浜
長浜IC
田村
坂田
米原IC
米原
彦根
彦根IC
近江長岡
醒ケ井
柏原
伊吹山
己高山
北陸自動車道
JR北陸線
JR東海道新幹線
名神高速道路
湖岸道路
姉川
安土
近江八幡
篠原
野洲
守山
草津
南草津
瀬田
石山
石山寺
膳所
大津
大津IC
京都東IC
瀬田東IC
瀬田西IC
草津JCT
草津田上IC
栗東IC
手原
石部
甲西
三雲
竜王IC
三上山
八日市IC
京セラ
桜川
朝日大塚
朝日野
日野
水口
水口石橋
水口城南
水口松尾
貴生川
甲南
寺庄
甲賀
油日
柘植
甲南IC
甲賀土山IC
土山SA
亀山西JCT
亀山IC
信楽IC
紫香楽宮跡
雲井
勅旨
玉桂寺前
信楽
金勝山
新名神高速道路
京滋バイパス
JR琵琶湖線
東海道新幹線
365
303
8
161
1
421
307
477
422
558

乱曲（闌曲、蘭曲、曲舞）

乱曲とは古くは五音曲の一種をさし、高度で自在な謡い方を意味した。現在は乱曲一曲の謡いどころを「乱曲」と呼ぶことが多い。また古作においては、当初より謡い物として作られたものもある。現在、乱曲は最高の芸位を持つ者が主に独吟で演じる。

近江を謡った乱曲は、観光案内のように名所旧跡が綴られている。旅程を楽しむように、流麗な詞章を味わいたい。

『東国下《とうごくくだり》』

※観世流では三曲に属する

乱曲の中でもっとも古い曲が『東国下』。まだ能が完成していない南北朝末期、琳阿《りんあ》弥《み》が作詞した曲舞謡《くせまいうたい》で、少年時代の世阿弥（藤若）が足利義満の前で謡った。文学的に優れた華麗な修辞法で書かれた詞章は、その後の謡曲を決定づけたとされる。

『東国下』には都から鎌倉までの名所が次々と謡い込まれている。近江では、逢坂の関、松本宿、打出の浜、湖水（琵琶湖）、長等《ながら》、石山寺、瀬田の長橋（瀬田の唐橋）、野路、篠原、守山、鏡山、武佐《むさ》宿、小野宿、磨針《すりはり》、番場、醒ケ井、柏原と東山道の宿駅が登場する。

詞章 ※筆者による文字などの改変がある

「〽…関の山路の村時雨《むらしぐれ》、いとど袂や濡らすらん、知るも知らぬも逢坂の嵐の風の音さむき松本の宿に打出の濱湖水に月の影見えて、氷に波や畳むらん、越《えつ》を辞せし范蠡《はくれん》が扁《へん》舟《しゅう》に棹を移すなる、五湖の煙の波の上、かくやと思い知られたり、昔ながらの山里も、都の名をや残すらん、石山寺を拝めば、これまた救世《ぐせ》の悲岸の、世に越え給う御誓い、頼もしくぞや思ぼゆる、勢多の長橋影見えて、長虹《ちょうこう》波に連なれり、浮世の中を秋草の、野路篠原の朝露、起き別れ行く旅の道幾夜な夜なを重ぬらん、露も時雨も守山は、下葉残らぬ艶葉《もみじ》の、夕日に色やまさるらん、古今を鏡山形を誰か忘るべき、いつむ心はなけれども、その名ばかりは武佐の宿、まだ通路も浅茅生《あさじう》の小野の宿より見渡せば、斧を研ぎし磨針や、番場と音の聞こえしは、この山松の夕あらし、旅寝の夢も醒が井の、自ら結ぶ草枕、誰か宿をも柏原、月も稀なる山中に、不破の関屋の板庇、久しくならぬ旅にだに都の方ぞ恋しき……」

『近江八景』（八景）

八景とは中国の瀟湘八景《しょうしょうはっけい》を模して、各地それぞれの景勝地を八ヶ所選び並べたもの。現行の近江八景は、桃山時代から江戸時代初期にかけて成立したと言われている。乱曲の『近江八景』はそれよりも古く、室町時代中期の作。ただし八景のすべてが詠み込まれているわけではない。現行の近江八景の「粟津晴嵐」は乱曲では小野、「三井晩鐘」は比叡山、「堅田落雁」は唐崎などと、該当する場所が異なっているのも興味深い。

瀟湘八景…山市晴嵐《さんしせいらん》、江天《こうてん》暮雪《ぼせつ》、遠浦帰帆《えんぽきはん》、瀟湘《しょうしょう》夜雨《やう》、烟寺晩鐘《えんじばんしょう》、平沙《へいさ》落雁《らくがん》、洞庭秋月《どうていしゅうげつ》、漁村《ぎょそん》夕照《せきしょう》

現行の近江八景…粟津晴嵐、比良暮雪《ぼせつ》、矢橋帰帆《やばせきはん》、唐崎夜雨《やう》、三井晩鐘、堅田落雁、石山秋月、瀬田夕照《せきしょう》

詞章　※筆者による文字などの改変がある

「〽あれに見えたる比良の山、小松が原に吹く嵐は、山市の晴嵐もかくやらんと思われ、眞野の入江の洲崎の真砂は、雪かと見えて江天の暮雪に異ならず、あら面白やと見る程にいとど心の澄み渡る、堅田の浦の釣舟の、沖より、家路に急ぐをば、遠浦の帰帆かとうち眺め雲の一むら、残れるは夜の雨の名残か　さて比叡山の鐘の声を、煙寺の晩鐘かとうち聞きそれ辛崎の洲崎に、翼を垂るる、沙鴎《さほ》の平沙の落雁にこれを擬《なぞら》へ、さて洞庭の月には、鏡の山を喩えたり、

誰を漁村の夕照に釣垂れるる者とや思ふべき釣垂れるる者とや思ふべき」

『島廻《しまめぐり》』

室町時代後期にはすでに存在していた古曲。冒頭の「この島」とは竹生島をさし、島から三六〇度見渡す景色を謡う。

詞章

※筆者による文字などの改変がある

「〽この島の四方を遥かに見渡せば、漫々とある海上の、水の煙は霞にて、里は其處とも白波の、汀の松は麓に見えて、山は高きよりまず近し北に向かえば雁がねの雲路を分けて帰る山、有乳《あうち》の山の新玉の年の始めの頃なれば、待ちし花かと疑うは消え残る雪の木芽山《きのめやま》、東は、伊吹颪《おろし》の烈しきに霞まぬ月の余呉の湖《うみ》、南を遥かに見渡せば、三上犬上鏡山、見慣れし夢の鶏籠《とこ》の山、いさと答えて裹《つつ》めども契りは外に守山、なおも其方の懐かしく、しのぶ思いを、志賀の古里花園の花や散るらんと、思い長等の旅に立つ心や物に狂うらん、比叡山と申しすは、餘り名高き山なれば、言葉も及び難し、かの山に続いて、次第に末を見渡せば横川の水の末かとよ、比良の湊の川音は、嵐や共に流れ松、岩越す波の打下、神と斎《いわ》うも白髭の沖なる松の高島やゆるぎの森の鷺すらも、我が如く獨りは音をよも鳴かじ、彼よりも此よりも、ただこの島ぞありがたき、童男丱女が舟の中見ずは歸らじと誓いけん、蓬莱宮《ほうらい》と申すともこれにはよも勝らじ、汀の清水、巌にかかる青苔《せいたい》青山雲に懸かって何れも共に青き海緑樹影沈んでは、魚も梢に上り、月海上に浮かんでは兎も浪を奔《はし》れり、すべて耳に触れ、目に見る事の何れかは、大慈大悲の誓願に洩るる事やある」

竹生島から見渡す現代の「島廻」

狂言

能楽の原型である猿楽《さるがく》は、室町時代に能と狂言に分かれる。能は猿楽の歌舞の要素を引き継いだ音楽歌舞劇として確立。猿楽本来の滑稽みのある芸能を引き継いだのは、狂言であった。対話劇の形式をとり、世阿弥のいう「上階《じょうかい》のをかし」を見せる喜劇として発展した。

近江を舞台として繰り広げられる数々の狂言では、さまざまな職業の者が登場し、身分を超えた近江の素顔を描き出している。

『磁石《じしゃく》』

遠江《とおとうみ》国（静岡県）のいなか者が上京する途上、大津の松本の市を見物する。そこに居合わせたのは人売りのすっぱ。いなか者を宿に連れ込み、人買いの宿主に売ろうとする。これを盗み聞きしたいなか者は、先回りして金を受け取って逃げ出す。追いつき太刀を振り上げるすっぱに、いなか者は「自分は磁石の精だ。太刀を飲み込む」と脅す。すっぱが太刀を鞘に納めると、いなか者はヘナヘナと倒れて死んだふりをする。すっぱが太刀を供えて蘇生を祈祷していると、いなか者は隙を見て太刀を奪って逃げ去る。

ご当地案内

松本（24ページ参照）▼古くは大津市石場付近にあった港町。街道と水路を結ぶ交通の要所の一つ。『磁石』ではここに市が立ち、人身売買も行われていたことが示されている。詐欺師のすっぱ、宿を営みながら人買いをする宿主、被害者と言えどもしたたかないなか者、松本を舞台に中世の人間模様が生き生きと描かれる。

『蚊相撲《かずもう》』

とある大名が相撲取りを召し抱えようと、太郎冠者に命じて街道へ赴かせる。太郎冠者は江州の守山で一人の相撲取りと出会うが、この者の正体は蚊の精。屋敷に連れて行かれて、大名と相撲を取る。蚊の精に刺された大名は目を回す。相撲取りが蚊の精だと気づいた大名は、太郎冠者に扇で風をおこさせて、蚊の精をフラフラにし勝負に勝つ。

ご当地案内

守山（51ページ参照）▼現在の守山市にあたる。江戸後期の随筆集『甲子《かっし》夜話《やわ》』（松浦静山著）に「（守山の宿にて）其家の障子襖などに蚊夥しくとりつき居るに、その形、殊に大にして蝶ほどなり。足もまた長し。然れば狂言『蚊相撲』を作りし頃も、古より守山は蚊の大なる所となり来りゆえ、そのことを取り用ひたるなるべし」とある。

『蟹山伏《かにやまぶし》』

大峰山葛城山で修行を終えた山伏が強力《ごうりき》を従えて羽黒山に帰ろうとしている。その途上、江州の蟹が沢（流派によっては地名を特定しない）で蟹の精と出会う。強力が金剛棒で攻撃すると、蟹の精は強力の耳をはさむ。山伏が行法をもって祈祷するが、蟹の精はますます強く耳をはさみつける。ついには山伏の耳もはさむ。やがて二人を突き飛ばして去っていく。

ご当地案内

蟹が坂▼東海道の宿場町である甲賀市土山町。街道沿いにある蟹が坂の「蟹塚」には、蟹の逸話が伝えられている。昔、鈴鹿の山には大蟹がいて、村人や旅人を苦しめていた。ある日、都の高僧が訪れて経を唱えると、大蟹の甲羅は八個に割れた。僧から「蟹を葬るように」と言われた村人は甲羅を埋めて供養塔を立てた。

『釣狐《つりぎつね》』

一族の狐が次々と猟師に捕らえられ、わが身も危うくなった老狐は、猟師の叔父で僧の伯蔵主《はくぞうす》（白蔵主）に化けて、殺生石の霊狐の執心の恐ろしさなどを説いて、猟師に罠を捨てさせる。帰り道、狐は捨てられた罠を見つける。罠には大好物の若鼠の油揚げがついている。食べたい衝動が抑えられない狐は、適当な言い訳をつけて、とうとう油揚げに手を出して罠にかかってしまう。

大蔵流では極重習《ごくおもならい》、和泉流では大習《おおならい》の重要な曲。

ご当地案内

勝楽寺山▼詞章に場所の設定はないが、勝楽寺（犬上郡甲良町）の裏山とされる。大蔵虎光の著した『狂言不審紙』に「江州正楽寺村にある勝楽寺は、白蔵主の住む寺である。また付近の藪の中には狐の釣人の旧地があり、釣人は白蔵主とは甥と叔父の間柄だった」などと書かれている。山の中腹には「狐塚」の岩穴や稲荷大明神の祠がある。

『悪坊《あくぼう》』

西近江の僧侶が東近江に所用があって出かける。その途上、酔っ払いから「同道しよう」と強要される。一休みしている定宿で、酔っ払いは僧侶に腰を打つ（揉む）ように頼み、うたた寝をしてしまう。僧侶は宿の亭主から「あれは六角殿の御内の悪坊という酒乱の者」と聞き、宿から退散することにする。その折に、悪坊の長刀などの持ち物と、自分の持ち物とをすり替えて持ち去る。目の覚めた悪坊は自分が出家の姿になっているのに驚き、発心して修行の行脚に出る。

ご当地案内
西近江・東近江▼琵琶湖の西側と東側のエリアを結ぶ街道沿いで展開する狂言であるが、具体的な地名は不明。「六角殿」とは、鎌倉時代から戦国時代にかけての近江守護大名・佐々木六角氏。拠城の観音寺城（近江八幡市安土町）の山麓は東山道にあたり、東西交通の要所。『悪坊』も東山道上での出来事だと思われる。

『大黒連歌《だいこくれんが》』

江州の坂本の男が友人とともに、信仰する比叡山の三面大黒天へ参拝に赴く。二人が大黒天を讃える連歌を奉納すると、大黒天が出現して連歌のおもしろさを誉め、延暦寺の縁起と自らの由来を物語る。そして両人に打ち出の小槌や宝の入った袋などを贈って福を授ける。

ご当地案内
坂本・大黒堂▼大津市の坂本は比叡山延暦寺と日吉大社の門前町。大黒堂は延暦寺の東塔の一画にある。最澄が比叡山において大黒天を感知した地であり、日本の大黒天信仰の発祥地とも言われている。本尊の三面大黒天は、大黒天、毘沙門天、弁財天の三面を持ち、六本の手には衆生の苦難を除き、福徳を叶えるためのさまざまな道具を持つ。

『勧進聖《かんじんひじり》』

清水寺参詣の道者が船で琵琶湖を渡っている。そこへ白鬚明神の勧進聖が、社の上葺《うわぶき》修繕のための勧進を求めて近づいてくる。道者が断ると、怒った聖が龍神に祈りをかける。すると湖水から大鮒が現われて怒りの舞を舞う。道者が身につけていたものを寄付すると、鮒は喜んで船の艫綱《ともづな》をくわえて、道者を堅田の浦に送る。

能『白鬚』の替間《かえあい》「道者」。狂言単独で上演されることもある。

ご当地案内
白鬚神社（110ページ参照）**・堅田**▼白鬚神社の神官が勧進聖を勧め、湖上においても勧進が行われたことなど、琵琶湖の風俗が伺える狂言である。鮒が道者の船を送った堅田は、湖上交通の特権を持っていた。

column

近江狂言トピックス

滋賀県文化振興事業団をはじめ県内の市町、各団体が主催する狂言の公演。平成二三年(二〇一一)より、滋賀県を題材にした新作狂言が創作されている。

『鮒ずしの憂うつ』

鮒ずしは独特の匂いのために、近江一の名産品の地位を近江牛に脅かされる。

『信楽たぬきの変身』

信楽のゆるキャラをめぐって、若いたぬきと先輩の信楽焼たぬきとの攻防。

『続・鮒ずしの憂うつ——でっち羊羹の陰謀』

名実ともに近江の名産品となった鮒ずしだが女性にはモテない。そこででっち羊羹に相談する。

『安土城ひみつ会議』

本能寺の変が起こる半年前、安土城では織田家臣による秘密の話し合いがはじまった。

『mukade』

米俵藤太が家来の太郎冠者を大ムカデに化けさせて、米俵をねらう企みを立てる。

『おうみのおかげ』

女相撲の女房は、料理下手。奉納相撲のため近江にやって来た夫婦が宿泊した宿には、腕のいい料理人がいた。

『ニンジャカジャと大名、そしてちょっとタロウカジャ』

都では「忍者くらべ」が大流行し、大名も忍者を抱えたくなる。家来の太郎冠者は甲賀忍者と出会う。

『HOTAL・HOTEL』

伊吹山に薬草を採りに来た男。道に迷って一軒の宿で目覚める。宿の女将の話がどうも不思議で……能『安達原(黒塚)』のパロディー。

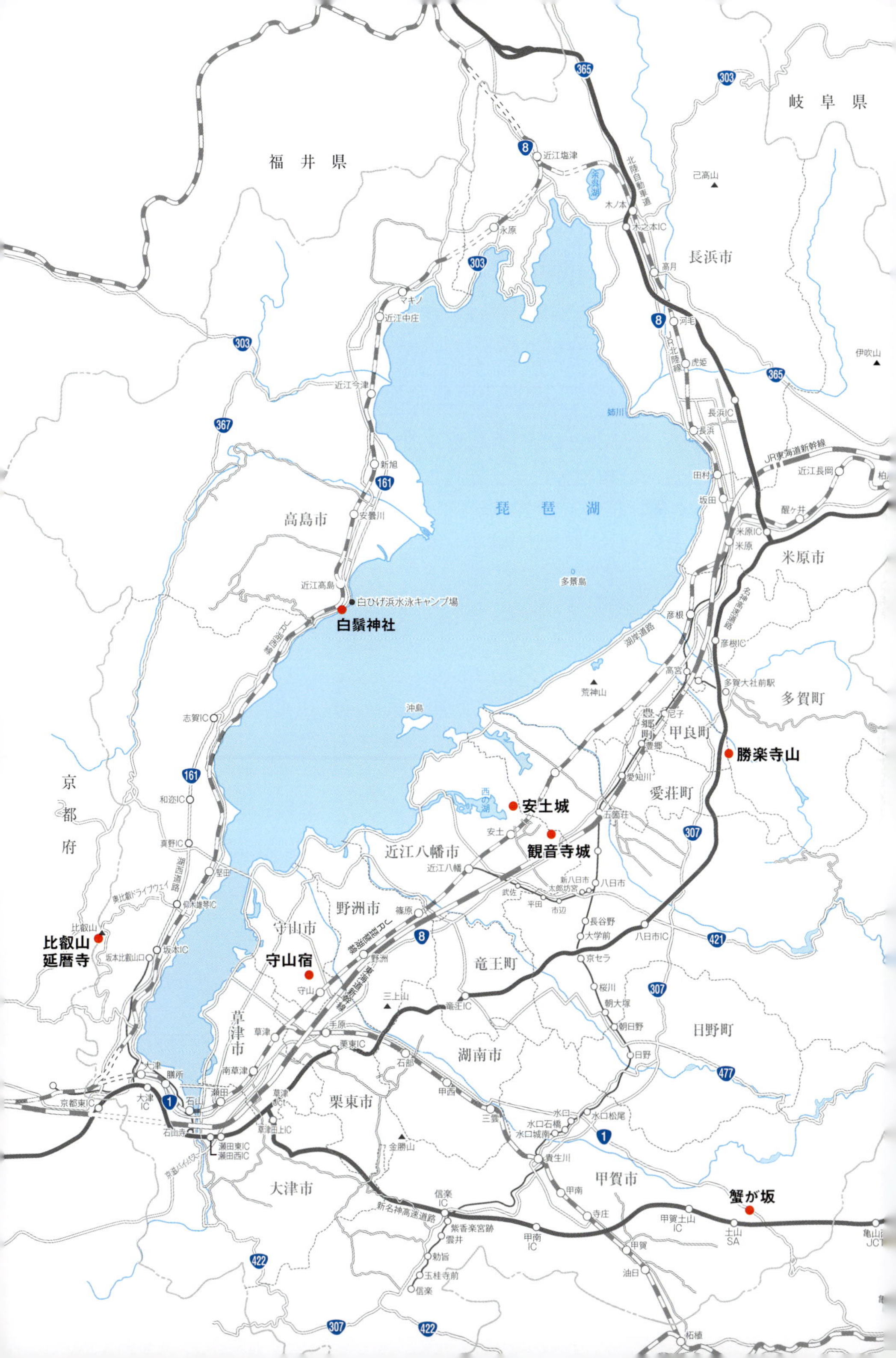

福井県
岐阜県
京都府
長浜市
米原市
高島市
多賀町
甲良町
豊郷町
愛荘町
近江八幡市
野洲市
守山市
竜王町
日野町
湖南市
草津市
栗東市
甲賀市
大津市
琵琶湖
竹生島
多景島
沖島
西の湖
余呉湖
姉川
安曇川
白鬚神社
白ひげ浜水泳キャンプ場
勝楽寺山
安土城
観音寺城
比叡山
延暦寺
守山宿
蟹が坂
己高山
伊吹山
荒神山
三上山
金勝山
比叡山
近江塩津
永原
マキノ
近江中庄
近江今津
新旭
安曇川
近江高島
志賀IC
和迩IC
真野IC
堅田
仰木雄琴IC
坂本IC
坂本比叡山口
大津
膳所
大津IC
京都東IC
石山
石山寺
瀬田
瀬田東IC
瀬田西IC
南草津
草津
草津JCT
草津田上IC
栗東IC
手原
石部
甲西
三雲
守山
野洲
篠原
近江八幡
安土
五個荘
能登川
新八日市
太郎坊宮
八日市
八日市IC
武佐
平田
市辺
長谷野
大学前
京セラ
桜川
朝日大塚
朝日野
日野
竜王IC
水口
水口石橋
水口城南
水口松尾
貴生川
甲南
寺庄
甲賀
油日
柘植
信楽IC
紫香楽宮跡
雲井
勅旨
玉桂寺前
信楽
甲南IC
甲賀土山IC
土山SA
亀山JCT
木ノ本
木之本IC
高月
河毛
虎姫
長浜IC
長浜
田村
坂田
米原IC
米原
近江長岡
醒ヶ井
柏原
彦根
彦根IC
高宮
多賀大社前駅
尼子
豊郷
愛知川
北陸自動車道
JR北陸線
JR東海道新幹線
名神高速道路
新名神高速道路
湖岸道路
湖西道路
東比叡ドライブウェイ
京滋バイパス
JR湖西線
JR琵琶湖線
東海道新幹線
1
8
161
303
307
365
367
421
422
477

歴史散歩● 近江の能をめぐって

能の歩みと近江猿楽《さるがく》

能の源流を探れば、上古に唐から輸入された散楽《さんがく》だと言われている。散楽は曲芸や物まね、奇術、人形まわし、歌舞など、雑多な芸能を総称していたらしい。

藤原実資《さねすけ》の『小右記《しょうゆうき》』永延元年（九八七）の日記には、円融上皇の院御所で行われた修正会《しゅしょうえ》にて「江州法師」が軽技《かるわざ》のような芸能を演じたと書かれている。江州法師とは近江国の者と推測され、御所に出仕するほどの芸達者な散楽者が近江にいたと思われる。

平安時代の中期になると、散楽は主に滑稽な物まねや言葉の芸能をさすようになり、猿楽（申楽）《さるがく》と呼ばれるようになった。藤原明衡《あきひら》の書いた猿楽に関する最初の書『新猿楽記』には「（猿楽は）顎がはずれそうになるほど面白い」と記されている。

猿楽はやがて、神社の祭事や寺の法会の中で、祝言的で呪術的な芸能を担うようになる。中でも、祝祷《しゅくとう》の舞を中心とする翁《おきな》猿楽は、今日に至るまで、猿楽の本芸と位置づけられてきた。「能にして能にあらず」と言われる現行の『翁（式三番）』は、正月や祝賀能など特別の公演において上演されている。近江では現在、元日に日吉大社の大戸開神事で『翁』が奉納され、一月三日には多賀大社で「翁始式」が厳粛に執り行われている。また朽木麻生の若宮神社では、春の例祭において「一人翁」が奉納されている。

猿楽の世界に、プロの集団である「座」が組織されようになったのは鎌倉末期から南北朝時代にかけてのこと。特に南都の大和猿楽の四座の勢力は際立っていた。四座の中でも活躍のめざましかった結崎《ゆうざき》座では、創立者の観阿弥を経て、その子の世阿弥によって、ドラマ的な歌舞の要素をもつ、今日でいうところの「能」が室町時代に大成された。四座は観世流、金春流、宝生流、金剛流として継承。江戸時代に樹立を認められた喜多流とともに「能楽五流」として演能を続け、今日に至っている。

高島市朽木麻生の若宮神社での「一人翁」の奉納

大和猿楽に匹敵して人気を博していたのが、近江に根拠地を置く近江猿楽である。しかし近江猿楽は中世末期より衰退し、近世初期に大和猿楽などに吸収されて歴史から姿を消し去る。世阿弥の著書や、寺社に伝わる出仕記録にその名が認められるものの、近江猿楽の実体や詳細は伝わらなかった。

近江猿楽の成立
世阿弥の伝書より

世阿弥の著した『風姿花伝』の「第四神儀伝」には「江州日吉の御神事に相随ふ申楽三座。山階下《やましなしも》坂《さか》比叡《ひえ》」とある。つまり近江国の日吉《ひえ》社（日吉大社）の神事に従事する猿楽三座として、山階、下坂、比叡（日吉）を上げている。これが近江猿楽の上《かみ》三座である。

近江猿楽の形成過程などについて、永享二年（一四三〇）ごろの成立とされる『申楽談儀』（観世元能《もとよし》による世阿弥の口伝書）では、次のように述べられている。

——近江猿楽においては、敏満《みま》寺座《じざ》がもっとも古い。山階座は、山階の地の下級の武士が興した。この者は敏満寺座の娘と結婚して、猿楽を志したのだ。この者が、春日明神と思われる山階の明神に籠って、自らの進退を祈った。すると烏が社壇の上より物を落とした。それは翁面であった。「この上は」と決心し、猿楽の大夫になったのだ。

この大夫の長男が山階に、次男が下坂に、三男が日吉に、それぞれ猿楽の座を置いた。これが上三座の流れとなった。

山階座は総領であるから、日吉社の神事において、正月の一日より七日に至るまで翁を勤めている。この折には、くだんの烏が社壇より落とした翁面をつける。

　正月に翁の奉納を行うようになった発端は何か。昔、山階座の大夫夫妻が大晦日に日吉社に籠ったとき、三歳になるわが子が亡くなった。大夫は「子々孫々、末代までも正月一日に猿楽を勤める」と祈願すると、子供は蘇生したという。その願により山階座は翁を納め続けているのだ。

　いまの日吉大夫の岩童《いわとう》の祖父は、下坂という名字をやめて日吉と号するようになった。比叡山延暦寺の下知《げち》とはいえ、無念なことである。

　敏満寺座、大森座、酒人《さこうど》座を、下《しも》三座という――。

錦秋の日吉大社。境内には多くのカエデ・モミジが色づき多くの人が訪れる

宗教の場での上三座

『中楽談儀』には敏満寺座から分家する形で、山階座が成立したと書かれている。山階座の根拠地は長浜市山階町で、伊吹山の西麓に位置する。

　伊吹山は上古より信仰の山であり、九世紀ごろには伊吹山護国寺という山岳寺院が開かれた。やがて護国寺は弥高寺《やたかじ》、太平寺《たいへいじ》、長尾《ながお》寺《じ》、観音寺《かんのんじ》の天台宗系四ヶ寺に分かれた。この四ヶ寺と伊吹（伊福貴）社、三宮の両社によって、伊吹山一帯は一大宗教の聖地を確立していたらしい。

　観音寺の『大原観音寺文書』は貴重な古文書として知られる。その中の「伊福貴《いぶき》山弥高太平両寺衆僧和与状」には伊吹社の一切経会に関連して「馬場桟敷猿楽次第事」の項目が、徳治三年（一三〇八）の記述に見出されている。ここにある「猿楽」という言葉が、近江における法会猿楽の初見だとされている。鎌倉時代の末期には、伊吹山一帯の法会にて猿楽が行われ、見学のための桟敷が設けられていたのである。大和猿楽の観阿弥が出生する数十年前だ。

大原観音寺文書にはほかにも、勧進猿楽の収支の記録など、猿楽の記述が見受けられるのだが、参勤した猿楽座は山階座、もしくは長浜市下坂町に根拠地をもつ下坂座の可能性が高い。

もちろん上三座である両座の主たる役割は、日吉座と共に日吉社の神事に従う猿楽であるが、所属する神社に縛られていたわけではない。両座の近辺にある長浜八幡宮でも、たびたび勧進猿楽が行われており、複数の猿楽座が参勤していた記録が残る。

下三座と手猿楽

『申楽談儀』によると最古の近江猿楽座は、下三座の敏満寺座とされている。

敏満寺座の所在地は、犬上郡多賀町敏満寺《びんまんじ》である。敏満寺の地名は、伊吹山系山岳寺院である敏満寺に発し、敏満寺座の座名は敏満寺に属していたことを表している。敏満寺は戦国時代の兵火によって消失し、敏満寺座の活動の記録も灰燼に帰した。

歴史的に名高い長浜市西浅井町《にしあざい》菅浦の『菅浦文書』には、室町時代の天文年間（一五三二〜五五）の記録に「敏満寺虎若大夫」「見満寺広若大夫」の名前が見える。敏満寺座が菅浦の神事猿楽の楽頭職を勤めていたのである。また多賀大社の『多賀大社文書』などに残る「北坂座」とは、敏満寺を中心として発達していた北坂の猿楽座を指し、敏満寺座の別名とも考えられる。

敏満寺座のほかに下三座として、東近江市八日市大森町（または蒲生大森町）の大森座と、甲賀市水口町酒人の酒人座があった。両座とも大寺社に恒常的に参勤していた記録は見つかっていない。『菅浦文書』に見られるように、惣村などの自治的な地域では専属の猿楽座を抱えないで、法会や祭礼ごとに猿楽座と契約していたと思われる。大森座と酒人座の演能の場も、地域をまたいで各村の社寺に及んでいたのではないだろうか。

また近江には上三座と下三座以外にも、猿楽の芸能集団がたくさんあったとされている。美しい稚

現在も多賀大社で行われる古式大祭での「富ノ木渡し式」

児や若衆で人気を博した守山市の「守山の手猿楽」（50ページ参照）、近江八幡市野村町の野村神社に記録の残る「猿楽与太郎大夫」、大津市志賀に存在したと思われる「小松ノ猿楽大夫」、『石山本願寺日記』に見える「江州横せき大夫」、『御湯殿上日記』にある「あふみのせた（瀬田）のやまをか大ゆう」などの名前が確認されている。

　多賀大社に残る天文一九年（一五五〇）の『近江国守護奉行人連署奉書』には「多賀大社の神事能を三座で立ち合う。日吉大夫は能登国（石川県）に下向して不在のため、当所の手猿楽衆と北坂・山階の両座で行う」とある。近江猿楽が地方に及んでいる実態と共に、その代理を果たせる実力をもった手猿楽の存在がうかがえる。

優美な能の最高峰 日吉座の犬王

　座が成立する鎌倉末期、当初の猿楽は「翁」を本芸とし、宗教の場における奉納が中心であった。猿楽が人の鑑賞する芸能としての性格を強めていくのは、南北朝末期から室町時代にかけてである。

　日吉社の神事に従事する日吉座が、大和猿楽を席巻するほどの名声を得るのも、まさにこの時代であった。日吉座の所在地は日吉社のある大津市坂本本町だとされる。

　世阿弥は『風姿花伝』の中で「およそ、この道、和州・江州において風体変れり。江州には、幽玄の境を取り立てて、物まねを次にして、懸りを本とす」と記している。つまり「大和と近江の猿楽とでは、芸風に違いがある」とし、近江猿楽は「まず優美な趣を大切にして、物まねの芸を次におき、余情を伴う美しい風情を基本とする」と特徴を指摘している。

　能の美的理念としての「幽玄」を尊重していたのは、自らの属していた大和猿楽ではなく近江猿楽であったという。父親の観阿弥以来の物まね主体の猿楽から、幽玄の能に世阿弥が転換していくのは、近江猿楽によって大きな影響を受けたからだと解されている。

近江猿楽の中で、世阿弥が絶賛するのは日吉座の大夫である犬王《いぬおう》道阿弥《どうあみ》。世阿弥は『三道（能作書）』にて「昔から天下の名望他に異なる達人は、その風体、いづれもいづれも幽玄の懸りを得たり。古風には田楽の一忠、中頃、当流の先師観世、日吉の犬王……」と、名声を博した達人を上げている。古人では田楽の一忠、最近では父親の観阿弥、そして世阿弥と同時代を生きた日吉座の犬王の三人だ。さらに『申楽談儀』では犬王の芸の高さを「上三花《じょうさんか》の位にあたり、どのような場合も中上《ちゅうじょう》にさえ落ちることはない」と最高の位とし、得意とする「天女の舞」をはじめ「念仏の猿楽」「もりかたの猿楽」などを上げて、犬王の演技を具体的に説明している。

犬王は貴人に好かれる高貴な芸風で、将軍の足利義満の後援も得ていた。犬王の法名である「道阿弥」の「道」は、義満の法名「道義」の一字をとって与えられた。義満は世阿弥以上に犬王を評価していたのか、義満の北山邸への後小松天皇行幸のおりの天覧には、犬王の猿楽を選んでいる。

犬王が死去したのは応永二〇年（一四一三）。『満済准后日記《まんさいじゅごうにっき》』には、犬王が亡くなったときに紫雲が立ったと記されている。

近江の武将と能

日吉座の犬王を評価した近江の守護大名がいた。鎌倉末期から南北朝時代にかけて一世を風靡した佐々木道誉である。道誉は「婆娑《ばさ》羅《ら》大名」として名をはせた超一流の文化人だ。『申楽談儀』には、犬王が「〽やうやうはかなやなどさらば、釈尊の出世には生ぜざるらん。つたなきわれらが果報かなや」と訛りがあるものの優美に謡った謡を、道誉が「日本一」と讃えたと書かれている。また同書には田楽本座の一忠の芸について、道誉が一忠を知らない世阿弥に教えたとする記述もある。これらのエピソードからも、道誉が猿楽について造詣が深く、役者を見る優れた目利きでもあったことがうかがえる。

道誉は四一歳から応安六年（一三七三）七八歳で亡くなるまでを、甲良町正楽寺の館に居住していた。ここは近江猿楽最古の敏満寺座の地とも近い。近江猿楽が洗練された芸であったことに、道誉の美意識が影響を与えていたとしても不思議ではない。

室町時代から戦国時代にかけては、近江八幡市安土町の観音寺城を拠点として六角定頼が文化の花を咲かせ、城内で猿楽を催している。さらに定頼は領内の集落で行われる祭礼に際して、近江猿楽座を斡旋し後援したともいわれる。

　織田信長も能に傾倒していた。戦闘の合間にも頻繁に演能の会を催し、趣味の小鼓を自ら打つこともあったという。天下統一を目の前にした天正一〇年（一五八二）、安土城に徳川家康らを招待した信長は、城郭内の摠見寺で能を催している。『信長公記《しんちょうこうき》』には「四座（大和猿楽）の能は珍しくない。丹波猿楽の梅若大夫に能を演じさせ、家康公らに見せ申して、道中の辛労をなぐさめ申すように」との意向が書かれている。信長ら武将にとっての能は、神聖さよりも娯楽の楽しみであり、時に政治的な意図も含めた饗応の芸能であった。

　戦国時代の真っ只中、近江は戦乱の表舞台となり、近江猿楽は衰退の一途をたどる。近江猿楽の拠り所であった大寺社の弱体と廃絶も、猿楽座の存在を脅かしたであろう。

　能を愛好した豊臣秀吉と徳川家康が保護したのは、主に大和猿楽であった。二代目将軍秀忠のときに、能と狂言は江戸幕府の式典歌舞劇「式楽《しきがく》」となる。幕府が公式に認めた大和猿楽四座と喜多流が、近江の武士階級の中にも広がっていく。中世から近世へ、近江の能にも新しい時代がはじまるのである。

能面の供給地、近江

　芸能は演じられた瞬間に消えていく。ましてや四百年あまり前に消滅した近江猿楽の芸能の面影を追い求めるのは難しい。しかし、その芸能で使われた「物」は残っている。仮面劇の能にとってもっとも重要で、芸位にまで影響する物とは「能面」である。

　近江猿楽の演能記録を豊富に残す多賀大社には、室町時代に打たれた翁面の「白色尉《はくしきじょう》」をはじめ、五十九面の能面と十三面の狂言面が所蔵されている。式三番の面としては、上三座が参勤していた日吉大社の三番叟《さんばそう》の「黒色尉《こくしきじょう》」、下三座の大森座の拠点とされる大森神社の翁面「白色尉」が伝承されている。共に室町時代の作であり、六百年の能の歴史を生きた証だ。

　近江の中でもっとも多くの古面が集中して伝承されているのは、神崎郡永源寺町（現・東近江市）の旧小椋庄である。愛知《えち》川上流の山間の地、政所《まんどころ》の政所若宮八幡神社の二十九面をはじめ、蛭谷《ひるだに》の筒

狂言面・毘沙門。東近江市永源寺に伝わる神事に用いられた古面（撮影・著者）

井神社、君ケ畑の大皇器地祖《おおきみきじそ》神社にも古面が伝えられ、神事猿楽が盛んに演じられていたことが示されている。

世阿弥は『申楽談儀』で能面について語っている（82ページ参照）。その中に「近江には赤鶴《しゃくづる》という鬼の面をつくる名工がいる。近頃は、愛智《えち》と称し、比叡山延暦寺の座禅院に仕える面打がいる。この者の女面は優れている」との記述が見える。面打の愛智が仕える「座禅院」とは、愛智庄の奉行をしていた所管だと考えられている。愛智庄に隣接している小椋庄は、木地師の発祥の地である。木地師から面打に転職する者や、余技として能面を打つ者が、このあたりにいたと十分に推測されるのだ。しかしながら、赤鶴とともに愛智が打ったとされる能面は、現在のところ確認されていない。

室町初期の面打の愛智と赤鶴が書物と伝承の中でしか残らなかったのは、個々の名人として終わったからかもしれない。世襲制の面打が登場するのは室町時代末期からだ。

越前国（福井県）の平泉寺の三光坊を師として、上総介《かずさのすけ》井関親信《いせきちかのぶ》が専業の面打である近江井関家を確立する。居住地は長浜七条村（長浜市七条町）とされる。親信を初代として二代目次郎左衛門親政《ちかまさ》、三代目備中掾宗政と引き継がれ、四代目河内大掾家重の時に本拠地を江戸に移した。江戸中期の能役者・喜多古能《ひさよし》の『仮面譜』には家重を「古今比類ナキ上作」と評している。「天下一河内」と焼印された家重の能面は、各流派宗家をはじめとする能家、大名家に多く残されている。彦根城博物館には、井伊家伝来の能面が二百面以上あり、多数の家重の名品も所蔵されている。

三代目までの近江井関家の能面は、多賀町の多賀大社のほか、長浜市七条町の足柄神社に「茗荷《みょうが》悪尉《あくじょう》」「大天神」の二面が伝わる。かつてそれらは祭礼や神事猿楽に使われ、地元の信仰とともにあった能面である。

■著者略歴

井上 由理子（いのうえ・ゆりこ）

京都市に生まれる。現在、大津市に在住。

京都と滋賀を中心に関西の文化、日本の芸能、和菓子などをテーマに執筆。文筆業のほかに、中世の芸能である白拍子の歌舞にたずさわる。舞台公演をはじめ、社寺での奉納多数。

著書に『能にアクセス』（淡交社）、『古典芸能楽々読本』（アートダイジェスト）、『和菓子の意匠』（京都新聞出版センター）、『京都の和菓子』（学研）、『京の和菓子12か月』（かもがわ出版）、『近江の和菓子』（サンライズ出版）。共著に『茶道学大系・四』（淡交社）。監修CDに「江戸の文化・全五巻」（コロムビアミュージックエンタテイメント）。

近江《おうみ》 旅の本

近江の能 ―中世を旅する―

2019年11月22日　初　版　第1刷発行

著　者　井上 由理子

発行者　岩根 順子

発行所　サンライズ出版

〒522-0004 滋賀県彦根市鳥居本町655-1
TEL 0749-22-0627　FAX 0749-23-7720

印刷・製本　シナノパブリッシングプレス

© YURIKO INOUE 2019

ISBN978-4-88325-665-5 Printed in Japan

定価はカバーに表示しております。

禁無断転載・複写